网球运动教程（第三版）

《网球运动教程》编写组　编

北京体育大学出版社

策划编辑：佟　晖
责任编辑：佟　晖
责任校对：郝　彤
版式设计：沐凡文化

图书在版编目（CIP）数据

网球运动教程 / 《网球运动教程》编写组编. -- 3
版. -- 北京 : 北京体育大学出版社, 2024.1（2025.7重印）
ISBN 978-7-5644-3974-3

Ⅰ. ①网… Ⅱ. ①网… Ⅲ. ①网球运动 – 教材 Ⅳ.
①G845

中国国家版本馆CIP数据核字(2023)第253941号

网球运动教程（第三版）
WANGQIU YUNDONG JIAOCHENG (DI-SAN BAN)

《网球运动教程》编写组 编

出版发行：北京体育大学出版社
地　　址：北京市海淀区农大南路1号院2号楼2层办公B-212
邮　　编：100084
网　　址：http：//cbs.bsu.edu.cn
发 行 部：010-62989320
邮 购 部：北京体育大学出版社读者服务部 010-62989432
印　　刷：北京瑞禾彩色印刷有限公司
开　　本：787mm×1092mm　　1/16
成品尺寸：185mm×260mm
印　　张：15.75
字　　数：396千字
版　　次：2013年8月第1版　　2024年1月第3版
印　　次：2025年7月第3次印刷
定　　价：60.00元

（本书如有印装质量问题，请与出版社联系调换）

本书编写组

组　长：祁　兵

成　员：（以姓氏笔画为序）

孙卫星　杨　超　李翰君

汪黎明　张力为

前　言

本教材是为运动训练专业网球专项学生编写的，也可作为体育教育训练学本科生和研究生的参考教材，还可作为专业网球教练员的培训教材和训练指导手册。

近年来，随着我国社会经济的高速发展，网球运动在国内受关注的程度越来越高。一方面，网球作为一项重要的体育产业在促进国民经济发展中发挥越来越重要的作用；另一方面，网球职业化进程逐渐加快，随着我国女子网球成绩的提高，越来越多的青少年选手跃跃欲试，试图进入职业网球的行列。对于促进我国网球事业的发展，提高我国网球项目的整体水平，传播网球知识和提高网球技能，培养高水平教练人才，高等体育院校负有"工作母鸡"的责任。

随着网球运动的普及，以及对网球认识的提升，已有的高等体育院校传统网球普及教材，已经不能满足网球专业学生的需求。编写一本与国际相接轨、以提高网球训练水平为主旨的高质量的网球教材势在必行。

本教材从体育院校网球教学与训练的实际出发，在编写过程中以提高网球专项学生的训练水平为主线，以网球科学原理为基础，参考了大量国外高水平网球教材，吸取了高水平教练的宝贵实践经验，教材编写组由北京体育大学不同学科专家组成，努力使教材在编写水平上达到新的高度。

网球技术、战术发展更新速度极快，把握和反映国际网球技战术的发展水平和趋势，以培养和提高网球专项学生的训练能力是本教材编写的主要目标。在编写过程中，本教材紧扣运动训练专业学生成为高水平网球教练员的培养目标，紧紧把握网球的主流趋势，较集中地反映了现代网球的训练理念，详细清晰地讲解了网球的主要技术与战术训练。为了满足培养高水平运动员的需要，本教材还较为深入地介绍了与网球训练密切相关学科的知识，如生物力学、体能、康复、心理等。

在编写过程中，为了适应网球专项学生学习特点，对网球的理论阐述尽可能化繁为简，深入浅出；在介绍网球技术时，注重直观性，使用了大量丰富的插图，以便学生学习模仿。此外，在本教材的编写中，增加了组织训练与执教方法的介绍，突出了培养和提高学生训练能力的特色。本教材第三～六章技术动作示范插图由北京体育大学网球教研室教师、奥运冠军李婷示范，拍摄于北京体育大学网球综合训练馆，保证了技术动作的规范性。

本教材共9个章节，第一章网球运动概述由祁兵编写；第二章网球运动中的生物力学由李翰君编写；第三章、第四章、第五章、第六章网球技术由祁兵、杨超编写；第七章网球战术由孙卫星编写；第八章网球体能训练与损伤康复由汪黎明编写；第九章网球心理训练由张力为编写。由祁兵对全书最后统稿。

在编写过程中，北京体育大学王安利教授作为本教材编写组的顾问，对教材编写提出了许多宝贵的意见，北京体育大学出版社佟晖编审为本教材的出版付出了艰苦的工作，在此表示衷心的感谢。限于时间和编者的经验所限，本教材中的错误与不足之处，恳请广大同仁及读者予以批评指正。

编者

2023年8月

目录 CONTENTS

在线课程　扫码学习

第一章
网球运动概述

◯ 本章概要

1. 了解网球运动的起源与发展。
2. 熟悉网球器材、场地以及基本比赛规则。
3. 把握现代网球的发展趋势。

第一节　网球运动的起源与发展

网球是一项优美而激烈的体育运动，通常在两个单打球员或两对双打组合之间进行。随着历史的变迁，这项运动在球拍、场地、击球方式与战术方面发生了巨大的变化，而在比赛规则、场地尺寸等方面变化甚少。如今球场上任何形式的击球都有可能是有效的，每个球员可以拥有属于自己独一无二的击球方式。与以往细腻的技术相比，速度和力量成为现代网球的主旋律，虽然细腻的技术仍然重要，但已经没有球员会依靠它来获取比赛的胜利。高度的商业化、科技的快速发展把网球运动推向一个又一个新的高度。

一、网球运动的起源与重大赛事

（一）网球运动的起源与发展演变

网球，作为世界第一的个人运动项目，与高尔夫球、保龄球、台球并称为世界四大绅士运动。网球起源于12~13世纪的法国，法国传教士常常在教堂回廊里玩一种用手掌击球的游戏，使球在墙上反弹回来，以此调节单调刻板的教堂生活。14世纪中叶，法国王储把这种游戏介绍给英王亨利五世，受到英王的喜好，当时在宫廷贵族中极其流行这种运动。16~17世纪是法国与英国宫廷从事网球活动的最鼎盛时期，人们开始使用皮质手套击球，渐渐又由一种羊皮制作的木质球拍代替。日益兴盛的网球活动逐渐形成了一种比赛活动。由于当时参与比赛活动的大都是王室成员、贵族男女等社会上层人士，因此网球运动被称为"贵族运动"。正是由于这段历史，现代网球运动始终保持着一种文明、高雅的文化氛围。

1873年，被誉为"近代网球创始人"英国的温菲尔德少校把早期网球的打法加以改进，成为夏天在草坪上进行的一种体育活动，并且取名为"草地网球"。同年还出版了一本《草地网球》的小册子，先是对这种运动做了详细的介绍，进行宣传和推广；又规定了球网的高低与场地大小，更是提出了接近现代网球的打法。1875年网球比赛规则初步成形，并在1877年举办了全英草地网球男子单打锦标赛，即后来闻名世界的温布尔顿网球锦标赛。从此，网球运动从游戏娱乐时代进入竞技运动时代。现在网球运动盛行世界各地并被称为第二大球类运动。

1874年美国女运动员玛丽·尤因·奥特布里奇从百慕大的英国陆军军官手里买了网球器材，用这些器材在美国纽约斯塔滕岛板球和棒球俱乐部的场地内建了第一个网球场，成立草地网球协会，并举办了首次美国男子冠军锦标赛。美国网球运动从此拉开序幕。这项新的运动在美国迅速得到普及，后来美国网球运动的发展影响逐渐赶上并且超过了最早开展网球运动的法国和英国。

1891年，法国首次举行了男子单打和男子双打网球锦标赛，但是参加者只限于法国公民。1904年，澳大利亚草地网球协会成立，并在1905年举办了第一届澳大利亚网球锦标赛。1896年在雅典举行的第一届奥运会上，网球的男子单打和双打被列为正式比赛项目，但是后来因为国际奥委会和网球联合会在业余选手与职业选手的界定上存在分歧，奥运会网球项目被取消，直到1988年的汉城奥运会才又重新被列为正式比赛项目。

20世纪70年代之后，网球又得到进一步的发展。网球运动发展较快的主要原因是：第一是允许职业选手参加温布尔顿等锦标赛，开创了职业网球巡回赛的先河，取消了职业选手与业余选手的界限，增加了大赛的激烈程度和热烈争夺的气氛，从而促进了运动员技术水平的飞速提高，广大网球爱好者从事该项运动的热情和观看比赛的积极性空前高涨。第二是科技在球拍等器材制造中的应用，促进了先进的网球器材的生产。网球器材的改进促进了网球技术水平的提高。

（二）国际网球四大满贯赛事

1. 温布尔顿网球锦标赛

温布尔顿网球锦标赛是网球运动中历史最长和最具声望的赛事。锦标赛通常举办于6月或7月，是每年度网球大满贯的第三项赛事，排在澳大利亚网球公开赛和法国网球公开赛之后，美国网球公开赛之前，是大满贯赛事中唯一使用草地球场的赛事，整个赛事通常历时两周。温布尔顿还举办有男子单打、女子单打、男子双打、女子双打的青少年比赛。此外，温布尔顿还为退役球员举办特别邀请赛。在比赛中，要求球员比赛服装的颜色只能是白色。温网没有在场边安置广告。在英国人看来，纯粹的网球不需要任何额外的装饰，不需要掺杂商业的元素。温网的"传统"是一种标志，这也是温网能火爆到现在的主要原因。"传统的，才是世界的"，这是对温网最经典的概括。

2. 法国网球公开赛

法国网球公开赛是每年继澳大利亚网球公开赛之后，排在第二个进行的大满贯赛事，通常在每年的5-6月举行。比赛场地罗兰·加洛斯网球场建筑风格古典优雅，别具一格。由于其属于慢速红土场地，利于底线对抗，一场比赛打上四五个小时是司空见惯的。在这样的球场要获取优胜是很困难的，球员除了要有出众的技战术能力还需要具备充沛的体能，所以很富有挑战性。

3. 美国网球公开赛

美国网球公开赛是每年度最后一项网球大满贯赛事，通常在8月底至9月初举行，赛事共分为男子单打、女子单打、男子双打、女子双打和男女混合双打五项，并且也有青少年组的比赛。自1978年开始赛事在纽约USTA国家网球中心举行。目前男、女单打的冠军都可获得高达百万美元以上的奖金。

4. 澳大利亚网球公开赛

澳大利亚网球公开赛是网球四大满贯赛事之一，在四大满贯赛事中每年最先开始，通常于每年1月的最后两个星期在澳大利亚的墨尔本举行。澳大利亚公开赛自1905年创办以来，至今已经走过了一百多年的历史。不过与另外三项大满贯赛事相比，澳网还是最年轻的。

二、职业网坛的发展概况（1990—2010年）

纵观过去二十余年，世界网坛发生了翻天覆地的变化。了解网球从20世纪90年代至今在技术与战术上的发展和变化对于把握网球运动发展趋势十分重要。如果只是简单地看，你可能会认为20世纪90年代男子网坛的标志是大力发球，到了21世纪是远离球网的底线击球，但实际上远比这些要复杂得多。技术和场地的变革意味着现在的网球运动已经与二十年前大不相同。

（一）1990—2000年

从20世纪90年代世界前十名选手的战术风格来看，打法呈现出多元化现象，底线型选手和防守型选手的界限非常的清晰。在这段时期全场型选手更趋向接近于网前进攻型打法选手。1994年温布尔顿决赛场上桑普拉斯和伊万尼塞维奇的对决几乎没有多少的回合，发球速度保持在200～216公里/小时。国际网联曾为此试图减慢球速，1995年温布尔顿的赛场改为了混合草场以减慢比赛中的球速。1988年澳大利亚网球公开赛使用的rebound ace材料的地面，球速变得更慢，弹跳得更高，这对于底线型选手是非常有利的。

20世纪90年代的红土赛场上被欧洲选手和南美选手所主宰，除了美国选手考瑞尔获得两次冠军、他的同胞阿加西获得一次冠军，其他的冠军则被南美和欧洲选手包揽。那时网前进攻型打法的选手几乎没有机会获得法网冠军的头衔，例如桑普拉斯、克拉吉塞克、贝克尔、拉夫特的最好成绩都止步半决赛。此外，当时法网使用的比赛用球比现在的稍重。

而温布尔顿比赛情形则正好相反，十年间仅仅有三位底线型选手进入过决赛。阿加西在1992年五盘战胜了伊万尼塞维奇，考瑞尔1993年输给了桑普拉斯，华盛顿1996年输给了克拉吉塞克。全场型选手皮奥林虽然在1997年进入决赛，但还是输给了桑普拉斯。桑普拉斯在十年的温网比赛中获得6次冠军。另外的冠军得主则是网前进攻型选手埃德伯格、斯蒂奇和克拉吉塞克。

美国网球公开赛是最能有效衡量选手综合水平的一项赛事，它的场地对所有类型的选手提供同等的获胜机会。所以说只有最出色的选手才能赢得美网的冠军（这句话现在仍然适用）。此赛事通常是被进攻型选手主宰，例如桑普拉斯获得了4次冠军，阿加西、埃德伯格和拉夫特各获得2次冠军。由此我们可以看出，进攻型选手在温网和美网优势明显，而法网则是底线型选手的天下。

20世纪90年代统治女子网坛前五年的是格拉芙和塞莱斯，1997—1999年是辛吉斯。在1997年后，大力击球型选手开始出现在女子网球比赛中。例如，皮尔斯、威廉姆斯姐妹和达文波特。辛吉斯这样技术型的选手1997年后就很难再成为网坛的领军人物。随着女子网坛出现了时速高达200公里左右的发球，力量和速度迅速成为女子网坛最为重要的一个发展趋势。

20世纪90年代球拍和网线技术发展取得了巨大的进步。到了90年代末，顶尖级选手使用的球拍和球线已经与过去出现了很大的不同，球拍的韧性变得更好。当时桑普拉斯仍然使用的是很重的碳铅材料的球拍，他使用的这种球拍（Wilson Pro Staff 85）销量仍然长时间稳居世界第一，他使用的是天然的尼龙线，而且磅数很高，这也间接说明了他在技术上格外的出众。在90年代出现了众多发球技术出色的选手，其中包括桑普拉斯、菲利普西斯、鲁塞德斯基、克拉吉塞克、施蒂希、贝克尔和伊万尼塞维奇。这些选手都具备了切削和上旋发球的能力，他们都擅于切削发球后上网的战术。尤其在平分区用切削大角度发球把接发球选手拉出场外是这些选手最为重要的技术之一。他们的二发同样很具有威胁，经常出现直接得分的情况。那时他们的发球技术几乎是无懈可击，这样的情况到了2000年之后出现一些变化。

（二）2000—2010年

在2000年优秀男子选手除了有桑普拉斯、阿加西和拉夫特以外，还出现了库尔滕、休伊特和萨芬，其中萨芬曾获得2000年美网的冠军，并在年底登上了世界第一的位置。到了2001年更多的年轻选手开始涌现，其中包括休伊特、费德勒、罗迪克、费雷罗。

网前进攻型打法在2002年出现了瓶颈，拉夫特花了6个月停赛休整，桑普拉斯在赛场上也是障碍重重（尽管他还是获得了美网的冠军），贝克尔在1999年退役，克拉吉塞克肘部出现了伤病。在2002年温网两名底线型选手休伊特和纳尔班迪安之间的决赛就是一个征兆，它似乎预示了未来所有类型场地网球比赛的方式。在1990年前后，选手通常会根据场地类型的不同改变自己的打法。比如，桑普拉斯和贝克尔获得澳网冠军时更多时间是在底线，像科费尔尼科夫这样的选手在温网比赛时会更多地来到网前。但是现在选手会更趋向于用自己擅长的方式进行比赛，而很少再根据比赛场地的类型改变自己的打法。2003年，费德勒在温网获得了职业生涯第一个大满贯赛事的冠军。这场比赛让人印象深刻，这是由于费德勒和他的决赛对手菲利普西斯都采用了大量的发球上网战术，两位选手一发时都坚决上网，而菲利普西斯在第二次发球后仍然会来到网前。在这之后发球上网进攻型选手似乎真正地成为过去式。费德勒大概在2004年才真正找到自己的节奏，他在很短的时间就主宰了网坛，囊括了除法网以外全部重要赛事的冠军，如此短时间内取得这样的成绩是男子网坛历史上前所未有的。

2005年纳达尔进入了人们的视线，他战胜了风头正旺的费德勒首次获得法网赛事冠军。

在这以后两位选手几乎包揽了男子网坛的所有冠军头衔。纳达尔的正手上旋击球极具特色，落地后速度更快，弹跳更高。他的击球方式不但成功率很高，而且有助于打出高质量的小斜线，把底线型选手的技战术水平带到一个新的高度。

费德勒在获得2004年美网公开赛冠军后，在2005年又遇到了新的挑战，例如德约科维奇、穆雷、特松加和孟菲尔斯等，但在那时这些选手并不能对世界第一的位置构成威胁。德尔波特罗在2009年获得美网冠军后显示出自己的实力，但他后来因伤病影响了水平的提高。到了2010年底，世界网坛仍然是费德勒与纳达尔两位选手的对决。纳达尔渴望提高红土场外其他赛场的成绩，这样他就有机会超过费德勒成为世界排名第一的选手。

男子网坛的发展方向我们需要从以下几个方面加以考虑。在2001年包括克雷特加在内的一些红土选手抵制澳网赛事，其原因是认为种子选手的排位安排不妥。之后当时世界排名第一的库尔滕由于之前法网赛事过于疲劳，决定退出接下来的温网赛事。这些原因都迫使组委会提出种子排位由16位改为32位的方案，同时这也与温网试图减慢草场比赛节奏的意图相一致，主要目的是每年都让红土选手有更多机会参加此项赛事。与此同时，室内硬地球场的球速也变得越来越慢。到了2004年一些室内地毯的传统赛事已经被硬地球场所取代。在当时，选手在所有赛事都采用进攻型打法开始变得愈发困难。相比之下，过去底线型选手全年获得的积分都集中在欧洲和南美地区的比赛，而现在他们在其他赛场上的表现同样的出色。发球上网技术不再被全场型选手视为积极有效的战术所使用，比赛中使用这项技术的高排名选手越来越少了。如今，发球上网型选手的接发球技术已经不那么出色，底线技术和移动能力也令人质疑，这与过去埃德博格这样的选手有很大的不同。埃德博格虽然被视为是发球上网型选手，但他的底线反手击球同样十分出色。另外，慢速球场和现代聚酯纤维材质的球线也意味着接发球和穿越球技术变得更加容易，即使是面对男子选手的大力发球。

因此，在过去的10年，场地已经与比赛的节奏相适应。即使是澳网赛场有自己独特的高弹跳场地，到了2008年后也改为了中速硬地球场。现在全年的网球比赛场基本可分为两种，室内室外硬地场和集中在欧洲和南美赛事的红土场。此变化与男子比赛不如过去多样化相一致，如今网前技术已经成为了一项出其不意的战术。另外，拥有良好网球技术的选手，如特松加、加斯奎特和穆雷，也不再像他们前辈那样趋向于发球上网进攻型打法。在2010年，积分排名系统也经历了两次变化，现在选手获得大师系列赛冠军可获得1000分，获得重大赛事的冠军则可获得2000分。而1994年当桑普拉斯获得迈阿密赛事的冠军时才获得350分。有人认为三盘两胜赛制的比赛并不利于年青一代球员的发展，这是因为他们几乎没有五盘比赛的经验。这或许就是让费德勒和纳达尔能长时间处于男子网坛霸主地位的原因之一，他们在2007年赛制改革前积累了大量的五盘比赛经验。

女子网坛的竞争在2000年已经变得愈发激烈，世界第一的争夺战都围绕着辛吉斯、卡普里亚蒂、威廉姆斯姐妹、达文波特、毛瑞斯莫、莎拉波娃、克里斯特尔斯和海宁等人。2000—2003年女子网坛异常强势，大威廉姆斯在这期间获得了四大满贯赛事的冠军，但是伤病阻碍了她长时间高居女子网坛的霸主地位。紧随着大威廉姆斯的一批选手实力超群，甚至可以称为女子网坛有史以来最为强势的一代。这对于辛吉斯这样的选手实属不幸，她在2001年真正结束了世界排名第一的旅程。由于伤病她在2002年澳网决赛中输给了卡普里亚蒂，之后就再也没有出现在澳网决赛赛场。这段时间里，卡普里亚蒂和小威廉姆斯，海宁和毛瑞斯莫，海宁和克里斯特尔斯，达文波特和海宁，达文波特和小威廉姆斯，再加上达文波特和大威廉姆斯等人的大满贯冠军的争夺战，仍然非常精彩。在2004年，俄罗斯军团的米斯金娜、莎拉波娃和库兹涅佐娃赢得大满贯的冠军。另一些俄罗斯选手德门蒂耶娃、兹沃娜列娃和佩特洛娃也达到了很高的排名。2004年、2005年、2007年和2008年俄罗斯获得联合会杯也是整体实力的充分体现。

多样化成为了21世纪初女子网坛的显著标志，这与20世纪90年代的男子网坛有几分相似。21世纪初的女子网坛有代表力量与速度的小威廉姆斯、机智与力量并存在的大威廉姆斯、以出众的击球技术而著称的达文波特和克里斯特尔斯，还有卡普里亚蒂的果断、辛吉斯的睿智、海宁的全面、毛瑞斯莫的单反与网前。由于多样化的出现，再没有选手能像上个时代那样主宰女子网坛。遗憾的是，很多选手出现了伤病，甚至过早地退役，使得女子网坛的整体水平自2007年海宁与莎拉波娃迈阿密站决赛后开始迅速下滑。

（三）2010年之后

2010年的世界网坛，力量和速度依然是比赛中的主旋律，细腻的小技术仍然在比赛中发挥着重要的作用，但是没有人会把它作为比赛中的主要手段。对比赛的掌控能力成为了这个时代的重要标志。男子网坛费德勒、纳达尔、德约科维奇与穆雷四大天王的地位依然稳固，从他们之间的顶尖级的较量中就会发现，他们在技术上已经趋向于平衡与完美，特别是后来崛起的德约科维奇与穆雷，似乎打破了人们对于男子网坛没有特长技术就无法成为优秀球员的传统认识。德约科维奇在2011年赛季获得澳网冠军后，创下了41场连胜的纪录，仅次于麦肯罗在1984年创下的42场连胜的纪录。之后他又击败纳达尔捧起了温网的冠军奖杯，紧接着德约科维奇在美网的决赛中再次击败纳达尔，这似乎预示着德约科维奇的时代即将来临。而穆雷的表现虽然可圈可点，但似乎受到心魔困扰，始终走不出大满贯决赛失利的怪圈。

2012年对于费德勒来说意义非凡，他的锋芒再次盖过了纳达尔、德约科维奇和穆雷等年轻球员，他获得了温网的冠军并再次排名世界第一。费德勒用事实证明了他是世界上最伟大的网球选手。2012年法网纳达尔夺得职业生涯第11个大满贯冠军，似乎见到超越费德勒的希望，然而在同年的温网费德勒的再度夺冠让这种希望更遥远一步。费德勒以17冠成为网坛历史上获得大满贯次数最多的选手，并超越桑普拉斯286个星期排名世界第一的在位时间纪录，同时费德勒也打破了德约科维奇和纳达尔近两年来的统治。费德勒已经是上了30岁的年纪，纳达尔则被膝关节的伤势所困扰。幸运的是，网坛已经又拥有了德约科维奇和穆雷，两位年轻的新天王无论在稳定性还是身体能力上，似乎都胜出另两位旧天王。2012年卸下心魔的穆雷获得了奥运会及美网的冠军。2013年澳网决赛中德约科维奇和穆雷再次交手，结果德约科维奇战胜了穆雷获得了冠军；在温网决赛中，等待了77年的英国人，终于看到本土宠儿穆雷在家门口以3∶0完胜排名世界第一的德约科维奇，摘得温网男单冠军。

女子网坛在2010年左右进入了又一个群雄割据的时代，莎拉波娃、伊万诺维奇、扬科维奇、小威廉姆斯、萨芬娜、沃兹尼亚奇和克里斯特尔斯都在世界第一的宝座上坐了一段时间。库兹涅佐娃、莎拉波娃和伊万诺维奇等中生代球员起起伏伏，而斯齐亚沃尼、李娜、斯托瑟三位老将抓住机会，新生代球员却只有科维托娃的一个冠军和沃兹尼亚奇的一个亚军而已。女子网坛强力进攻型打法仍然占据主流趋势，像大小威廉姆斯、莎拉波娃、李娜、斯托瑟、科维托娃、阿扎伦卡，这些选手的正反手极具杀伤力，底线进攻十分出众。这当中，小威廉姆斯以其绝对的实力、出色的心理以及个人魅力脱颖而出，成为领军人物。

与强力进攻型打法对应的是由扬科维奇和沃兹尼亚奇领衔的类似于防守反击的打法，她们击球弧度高、稳定性高、跑动积极，防守到位，但缺乏一击制胜的能力。这也造成了她们在比赛的关键时刻无法拿到分数。在两人先后登顶世界第一之后，一个很快被小威廉姆斯赶下了台，一个坐了两年丢掉宝座，不同的过程却有着相同的结局，两个人都早已不是争冠热门。到了2013年，小威廉姆斯已年过30岁，但表现依然抢眼，而李娜、莎拉波娃和阿扎伦卡也对自己的击球方式做出了调整，形成了击球带有弧度却不失攻击力的打法。以技术著称的A.拉德万斯卡虽然在2012年实现了个人的蜕变，也一度来到世界排名第三的位置，但是似乎仍然缺乏与小威廉姆斯、阿扎伦卡这类选手全面对抗的实力。虽然当今女子网坛仍然处于群雄并立，但顶尖级选手在打法上开始趋向于统一。

从另一个角度看，当今的网球运动在经历了历史的变迁后，已经成为了一项全球性的运动。最高级别的网球赛事如四大满贯，会有数以百万的观众在电视机前观看。与过去的年代相比，网球运动为世界上所有地方的选手都敞开着大门，其中威廉姆斯姐妹就是很好的例子，她们在洛杉矶的平民区长大，在过去难免会受到白人对手的歧视，而在今天她们在场内场外都已经成为世界级的明星。当世界网坛进入到2013年，顶尖级的选手已经遍布世界各地，2011年的澳网赛场上李娜成为了中国第一位单打进入大满贯决赛的选手，接着她在同年获得了法网赛事的冠军。自2006年郑洁、晏紫摘得大满贯双打比赛的桂冠后，中国选手不断在世界网坛的赛场上有上佳的表现。而同样是在这一年，小威廉姆斯的世界排名滑落到了前十名以外，这意味着男子网坛自1973年、女子网坛自1975年以来，首次出现男女世界排名前十名的选手中没有美国选手的身影。虽然这并没有持续太长的时间，一周后美国选手费什就跻身到男子世界前十名，但似乎已经成为了一个信号，世界顶尖级的选手分布情况已经有所变化，美国和澳洲有所下降，而欧洲选手的数量上升趋势明显，特别是男子网坛尤其明显。这是一种周期性的起伏还是长期的趋势还有待观察。

科技无疑是网球运动不断向前推进的动力之一，除了球拍、拍弦与场地的革新外，球路的追踪系统无疑是现在网球比赛的一大特色。鹰眼技术的到来大大提高了裁判判罚的准确性，当对判罚有争议时，选手不再像过去那样找主裁判申诉，而是听从高科技的判决。除此之外，鹰眼的数字技术也可以跟踪击球的飞行轨迹，并能呈现击球的线路、旋转、落地的弹跳，大大提高了网球比赛电视转播的直观性与观赏性。另外，比赛的计分系统可以让观众随时看到每位选手比赛时的技术统计数据，3D运动采集系统配合新型分析软件可以对选手击球的旋转程度与发球技术动作进行更为细致的分析。如今美网、法网和温网的比赛已覆盖3D技术。而媒体交流技术可以使观众在观看比赛的同时，通过网络对比赛进行评论与交流。

也是由于科技不断进步的原因，发球上网型打法似乎将退出历史的舞台，这项技术曾经是一代伟大球员的重要标志。现在大力击球正在摧毁这项温网赛场上的艺术，由于器材的更新，接发球技术变得更加容易，使得只有极少数球员能在网前处理好接近8000转/分转速的来球，费德勒就是其中之一，但即使是借助此技术获得7届温网冠军，到了后期也已经放弃了该技术。另一个原因是，英国的草场条件与过去相比已经大有不同，球变得更重，球速变得更慢，这非常不利于使用发球上网技术，但强力的攻击性仍然会是草场未来的主流打法。如今的球拍技术已经让选手的底线攻击性大大增强，让他们并不需要来到网前就可以结束这一分。虽然发球上网打法的未来并不乐观，但随着选手的底线技术逐渐完善，实力差距的不断缩小，网前技术可能成为未来底线型选手不断完善和突破的关键。

纵观网球发展的历程，网球运动经历的不同的时代，球星主宰了这项运动的主旋律。随着一代又一代选手的相继到来，网球运动总是能显示出自己的强大能力，不断制造球星，不断向前发展。随着这项运动更加开放，奖金数额的不断提高，拥有更多的观众，必定能向着更加美好前景不断前进，让我们拭目以待。

第二节　网球器材

球员根据个人技术特点、身体条件选择球拍、拍线及球鞋。这部分的内容将对这些器材的性能和特点进行简要的介绍。

一、球拍

在市面上有很多网球拍的品牌，例如：Babolat、Donnay、Dunlop、Head、Prince、Wilson……每种球拍都会提供关于球拍性能的参数，其中包括：球拍的型号、长度、韧性、拍线的磅数等。球拍看起来都很相似，但其实在性能方面区别很大。一款球拍可能适合一位球员，但并一定就能适合另一位球员。所以在购买球拍前最好先进行试打。

○ 球拍的性能

（1）重的球拍能够产生更大的力量，振动更少，有更大的甜区。

（2）硬度大的球拍能够产生更大的力量，有更大的甜区，振动更大，容易控制。

（3）拍面大的球拍能够产生更大的击球力量，抗扭转能力更强，甜区大。

（4）长的球拍能够产生更大的力量，更多的旋转。

在20世纪80年代末，球拍的重量在312～397克之间。到了1995年，最轻的球拍是255克。10年之后出现了227克的球拍。如今有超过200款的球拍模型，最轻的球拍达到了235克，最重的是335克。对于初学者来说建议选择较轻、硬度较低的球拍。轻的球拍更容易产生击球的速度，而重的球拍则需要更多的力量和较为成熟的技术，一般适合中等水平或高水平的球员。一般来说，硬度高的球拍更容易控制，球员可以更快地前挥，或者用简短的后摆能打出更快的击球。韧度很好的球拍可以打出更大的力量，但在方向上并不容易控制。对这两种球拍需要根据球员选择的拍线磅数、挥拍的距离和速度来选择。除了球拍的韧度以外，球员对于球的控制要比球拍的类型更为重要。对于球拍的韧度并没有一个统一的标准，不同的厂商都有自己的描述方式，所以在选择球拍之前需要向专业的销售人员咨询球拍的性能。

球拍的选择需要考虑球员技术的特点。例如：球员的引拍很简短，就适合选择硬度较高的球拍，相反如果球员后摆较大则适合选择韧度较高的球拍。中等幅度的后摆就适合选择硬度和韧度适中的球拍。

虽然现在的球拍比过去的重量更轻，但拍头的面积却更大了，拍头的面积在95～118平方英寸（1平方英寸=6.4516平方厘米）。娱乐型球拍通常拍头都很大，以提高球员用甜区击到球的概率。握柄的尺寸在近几十年都没有发生变化。每种类型的球拍都有自己的尺寸，4、4 1/8、4 1/4、4 3/8、4 1/2和4 5/8英寸（1英寸=2.54厘米），较为常见的尺寸是4 3/8和4 1/2英寸。拍柄的尺寸通常位于拍柄的底部。

如何选择握柄尺寸

（1）用惯用手握住球拍，拇指应该能碰到中指的第一关节。

（2）用尺子量一下无名指到手掌第二条线的距离，这个距离应该接近拍柄的周长。

（3）握住球拍，应该感觉到舒适，握柄形状应该与手的轮廓相适应。

（4）握住球拍，无名指与掌根距离一个食指的宽度。如果距离不够，说明握柄的尺寸过小，反之握柄尺寸过大。

（5）试打球拍，如果击球时拍柄转动，可能是由于握柄的尺寸过小。如果击球的手臂和手很快疲劳，可能是因为握柄的尺寸过大。

二、拍线

随着球员能力的提高，对拍线的要求会变得越来越重要。对于特定运动员和特定的球拍来说，拍弦的种类、拍弦的型号和韧性都对击球时产生的张力有影响。

网球弦的种类根据材料可以分为两种：天然肠弦和人造复合弦。天然肠弦是用牛或羊的肠子做出来的——更多的是用牛肠做成。但是最早的网球弦常用羊的肠子做成，称为羊肠弦。尽管天然肠弦有最好的性能，它击球的感觉好，拉力不易下降，弹性好，击球时对手的振动也小，但是它的价格比较高，一般只有职业球员和少数业余球员使用。

拍弦有很多种型号，从15号（非常粗）到17号（非常细）。人造复合弦也是用不同的方法制成的。每一种因素都会影响击球时弦线的性能（力量、控制和耐久性）。弦的型号越小代表弦越粗，也就更耐用，但是击球感觉比较迟钝。弦越细，越不耐用，因为它击球时伸展和回缩快（形变快）。但是相比之下细弦击球更有力量并且振动比较少。

通常拍线的磅数在55～74磅（1磅=0.454千克）。当磅数较低时击球的力量会更大。较紧的拍线更易于控制击球。高水平的球员无论拍线的松紧如何都能很好地控制球。一般来说60磅左右能很好地结合击球时的力量和控制。

○ **拍线的性能**

（1）磅数低能够产生更大的能量，磅数高能够提供更多的控制（对有经验的球员来说）。

（2）长拍线（线床）能够产生更大的能量。

（3）线的密度降低（弦少）能够产生更多的能量和更多的旋转。

（4）细线能够产生更多的能量和更多的旋转。

（5）弹性越大的线产生能量越大，在触球时的振动也会越大，在穿线后掉的磅数越多。

（6）软线或是外面有软层的线震动更小。

（7）拍线应该根据球员使用的频率定期更换。

三、网球

网球呈圆形，外表毛质均匀。主要分为有压球和无压球两种类型。有压球球体内部有气压，气压大于外界压力，一般采用密封罐装。无压球是用特殊的复合橡胶制成，能够保持球的形状，不需要内部压力（球内压几乎与外界压力相同）。初期，球的可使用性基本相同，但是有压球会随着球的使用慢慢丧失气压而变软。无压球由于是使用特殊橡胶材料制成，打球时会发出有趣的砰砰声。无压球落地后弹跳高度稍微大于有压球，而人们习惯了有压球更平缓的弹跳。

四、网球鞋

网球鞋可以为你的球技加分（更好地抓附地面、增加灵活性），但也可能会带来伤病。选择网球鞋要考虑的最重要的方面是你要在哪种地面进行网球运动。场地越硬，鞋底夹层提供的支撑越重要，这也有助于增加横向的稳定性。鞋底可由不同的材料制成，它们可以柔软、抓附力强或是硬并且耐用。鞋底夹层提供缓冲和稳定性能，鞋后跟增加稳定性。大部分皮革和合成鞋面增加了网球鞋的时尚感、牢固扎实性和所提供的支撑作用。在选择网球鞋时，鞋底夹层和外底的厚度很重要。转换的网球场地越多，鞋底夹层和外底的厚度越薄。这有助于避免脚踝扭伤并且有助于横向的滑动。鞋底夹层和鞋面的设计是为了帮助把脚稳固住，同时能够很舒适并且很好地移动。鞋底夹层的设计可以使前脚和后脚部分吸收额外的震动（避震），减少对脚踝、胫骨和膝关节的伤害。

○ 如何选择网球鞋

（1）脚型。

扁平足：足弓很低，通常会磨损鞋面内部和鞋底的中部。有着这样脚型的运动员需要一双鞋底夹层（中底）边缘稳固的网球鞋。

外旋足：一般有更高的足弓，鞋子一般在鞋底的外边磨损得比较多。有着这样脚型的运动员需要一双鞋底边缘稳固的网球鞋。

正常足：有或高或低的足弓。这种脚型可以很舒适地置于鞋子内，鞋子的磨损一般是均匀地磨损外底（大底）。

网球鞋的内底部要很牢固以便支撑脚的顶部（脚背）。你需要在鞋的前部有一些空间能够活动你的脚趾。

（2）场地类型。

在挑选网球鞋时，最先要考虑的是你会在哪种类型的场地上打球。硬地对于脚来说是最硬的（软一些的场地如沙土或是草地会吸收一些震动），在这种硬地上打球，推荐选择人字形纹路的平滑鞋底。草地场首选有突出胶状纹路的鞋底。

（3）其他。

好的后跟鞋帮很重要。踝关节的支撑对网球运动中连续地变向移动非常必要。鞋底夹层同样被认为是非常重要的，它影响着前脚对变向的调整能力，直接关系着脚的舒适度。

第三节　网球场地

一、现代标准网球场

一片标准的网球场地，占地面积应不小于670平方米（长36.60米、宽18.30米），其中双打场地标准尺寸为长23.77米、宽10.97米；单打场地标准尺寸为长23.77米、宽8.23米。如果是两片或两片以上相邻而建的并行网球场地，两片场地之间距离应不小于5米。这片长方形的角逐场再用球网横隔成两个等区。场上纵横交错的白线都有各自的名称，球场两端的界线称为"端线"，球场两边的界线称为"边线"；在球网两侧6.40米处的场内各画一条与端线平行的横线为"发球线"；连接两发球线的中点画一条与边线平行的线称为"中线"；中线与球网呈"十"字形，将发球线与边线之间的地面分成四个相等的区域，称为"发球区"；在端线的中心，向场内画一条垂直于端线的短线称为"中点"。全场各区的丈量，除中线外都从各线的外沿计算，场上所有的线应是同一颜色（白色或黄色）。全场除端线可宽至10厘米外，其他各线的宽度均在2.5～5厘米范围之内。全场各区域的丈量除中线外，均从各线的外沿量计算。（图1-1）

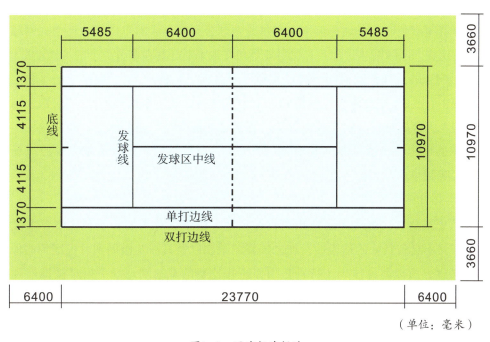

（单位：毫米）

图1-1　网球标准场地

网球单打球网长为10.06米，双打球网长为12.8米，球网上沿用5～6.3厘米宽的白色帆布包缝，并用直径不超过0.8厘米的钢丝绳穿起来，挂在场地中央离边线0.914米以外的网柱上，球网应充分展开，完全填满两柱之间的空隙，球网网孔大小以不让球穿过为准。球网的中央高为0.914米，并用5厘米宽的白布束带束于地面。要求球网的下边须和地面接触。球网两侧的网柱高1.07米，支柱的直径或边长不超过7.5厘米。端线以外至少要有6.40米的空地，边线以外至少要有3.66米的空地，如果是室内网球场，端线6.40米以外的上空净高应不少于6.40米，室内屋顶在球网上空的净高不少于11.50米。国际网联规定，室内馆球场上空的净高应为12.50米。

球场固定物除了球网、网柱、单打支柱、绳或钢丝绳、中心带、网边白布外，还包括球场四周的挡网（室外网球场地的四周围挡网高度在4～6米之间），看台、固定的或可移动的座位、座椅以及安置在场地周围上空的设备，如照明灯具，应设置在室外球场两侧挡网上方，距地面高7.60米以上，每片网球场地平均照明度应大于600勒克斯。在球网、中心带、网边白布或单打支柱上均不得有广告。如在球场后面放置广告或其他物品时，则不得使用白色、黄色或其他浅颜色，如广告放置在位于球场后面的司线员的座椅上，这些广告也不得使用白色、黄色或其他浅颜色，以免干扰运动员的视线。

二、网球场地的种类

现代网球运动的一个重要特征是在多种不同性能的场地上比赛，无论室内或室外，职业或业余比赛都是如此。在可预计的将来，国际网球规则还不会规定一个标准性能的网球场地。例如，在最著名的四大网球公开赛中，澳大利亚和美国网球公开赛是硬地塑胶场地；法国网球公开赛是红色沙土场地；英国温布尔顿网球公开赛是天然草皮场地；毯式网球场较多的用于室内比赛。国际网球联合会的规则甚至允许戴维斯杯赛在多种类型的场地上进行。

根据影响球的反弹程度不同，球场大致可分为以下几种：（1）慢速球场（黏土及其他土质球场等）；（2）中速球场（粗糙的人工合成材料，油漆地板等）；（3）快速球场（草地、光滑的人工合成材料、硬木地板等）。当然这些都只是粗略的划分，而在两块不同的黏土球场上球的反弹情况也可能不大相同。理论上，球场越硬，尤其是越光滑的球场表面对球的反弹影响越小。

（一）草地

这是历史最悠久、最具传统意味的一种场地。由于其对草的特质、规格要求极高，而适宜的草籽又不具备良好的适应性，加之气候的限制以及其需要极周到、极细致的保养与维护，费用昂贵，所以此种球场（特别是用作正规比赛的草地网球场）很难被推广到世界各地。它们必须具备良好的排水系统，标准的草地球场的横切面其上层是3英寸（约7.6厘米）的精挑土壤和6英寸（约15.2厘米）的畅通层，下面的两层面则是石碟层和非组织结构渗透层，土层上面是18英寸（约45.7厘米）宽的排水道。球场的周围使用细长耐用的条板、混凝土建造。目前每年的寥寥几个草地职业网球赛事几乎都是在英伦三岛上举行，且时间集中在6、7月份。温布尔顿锦标赛是其中最古老也是最负盛名的一项。

草地球场的特点是球落地时与地面的摩擦系数小，球的反弹速度快，对球员的反应、灵敏、奔跑速度、奔跑技巧等要求非常高，同时球员也利用此特点大打攻势网球，发球上网、随球上网等各种上网强攻战术几乎被视为在草地网球场上制胜的法宝，底线型选手在草地网球场常常无功而返。

（二）人造草地

这是天然草场的效仿物，其结构特点有点像地毯，只不过底层是尼龙编织物，其上栽植的是束状尼龙短纤维，为保持纤维的直立性，纤维之间以细沙为填充物。这种场地需要平整坚固的基底，附设有良好的排水结构，并且，因其白色界线是与周围场地直接拼接在一起的，所以免去了许多诸如划线等维护上的麻烦，也使其成为全天候场地的一种，维护者只需要经常梳平整理并适时增添其间的细沙就可以了。

（三）软性场地

这是不被熟知的一种场地，但提到法国网球公开赛的红土球场，人们立刻就不会有陌生感了，它是"软性网球场"最典型的代表。另外，常见的各种沙地、泥地等都可称为软性场地。此种场地不是非常坚硬，地面铺有一层细沙或砖粉末。

场地特点是球落地时与地面有较大的摩擦系数，球速比较慢，球员在跑动中特别是在急停急回时会有很大的滑动余地。这些特点决定了球员必须具备比在其他场地上更优良的意志品质和更出色的奔跑移动能力，否则很难取胜。在这种场地上比赛对球员是极大的考验，考验其在底线相持的功夫。球员一般要付出数倍的汗水耐心地在底线与对手周旋，获胜的往往不是频繁上网者，而是在底线顽强拼搏的一方。

（四）硬地

这是最普通的一种场地了，经常打球的人没有不熟悉此种场地的。它一般由水泥和沥青铺垫而成，其上涂有红绿等鲜艳的颜料或铺有一层高级塑料胶层，表面平整、硬度高，球的弹跳非常有规律但球的反弹速度很快。平时易于清扫和维护，基本上用不着很精心地照顾。许多公共网球场都采用这种硬地球场。

（五）合成塑胶场

此种场地的材质与塑胶田径跑道场的材质属于同类，它是以钢筋混凝土或其他类似的材质结构为基底，表面铺撒的是合成塑胶颗粒，其间以专用胶水相粘。这种场地的弹性与硬度以塑胶颗粒的大小、铺撒的紧密程度及其本身的特质而定。塑胶场地颜色艳丽、管理方便、室内外皆可铺设，也是可供选择的理想的公共球场。合成塑胶场又有聚胺脂塑胶场地和丙烯酸塑胶场地两种。

聚胺脂塑胶场地，主要材料是聚胺脂橡胶。这种材料有厚度、有弹性，特别适合于运动跑道的铺设。用它建造网球场，如果处理不当，则网球场地面层对网球的反应有时会不正常，即网球会出现不规则的弹跳现象。另外，网球鞋底与场地表层摩擦系数较大，跑起来很涩，不太舒服。但是由于它有一定韧性，防水效果好，有时也适合铺在一些有裂纹的水泥或沥青场地上，或者比较粗糙的屋顶球场上。

丙烯酸塑胶场地是当前国际大赛中常用的，它不受地域、气候等因素的影响。场地平整度较好，表面硬度较强，而且耐磨，使用寿命长而不易老化；颜色鲜艳且耐紫外线不宜褪色，色彩多种，可供自行挑选。保养维护也十分方便。此外，这种材料还是环保型的，无毒无害。

（六）地毯场

它是一种便携式可卷起的网球场，其表面是塑胶面层、尼龙编织面层等，一般以专用的胶水粘接于具有一定强度和硬度的沥青、水泥、混凝土基底的地面上即可，有的甚至可以直接铺展或粘于任何有支持力的地面上，其铺卷方便，适于运输且有非常强的适应性，室内室外甚至屋顶都可采用。球的速度取决于场地表面的平整度及地毯表面的粗糙程度。在保养上此种场地也是非常简单，只要保持地面清洁，不破损，不积水（有配套的排水设施）就可以了。

第四节　网球比赛规则

网球比赛分为单打和双打两种形式。球员用网球拍将球击过网，落入对方的场地上。每位球员的目的都是尽力将球打到对方的场地上去。就这样一来一回，直到有一方击球失误或没接到球为止。在正式比赛前，需要确定比赛由谁先发球。整个比赛中，双方球员轮流发球。发球员在发球前应先站在端线后，中点和边线的假定延长线之间的区域里。发出的球应从网上越过，落在对角的对方发球区内。每局第一分球记为15，第二分球记为30，接下来为40。每局比赛中，至少要比对手多2分球才能结束该局比赛。

一、记分法

一场网球比赛一般由1~5盘比赛构成，而每一盘一般又分数局。率先赢得规定局数的选手赢得一盘，而率先赢得规定盘数的选手则赢得比赛。

（一）局

一局比赛只有一名选手发球，率先赢得至少4分并多出对手至少2分的选手赢得一局。一局比赛中，每一次发球必须在半场的两个发球区轮流，每局第一次发球应先从右边开始。网球每局的记分方法十分特殊，从0分至3分分别为"零"（love）、"十五"（fifteen）、"三十"（thirty）和"四十"（forty）。记分时，发球选手的得分在前。因此"30比0"的意思是，发球选手赢得2分，而接球选手还未得分。

当双方选手都得到了3分时，一般叫"平局"（deuce）而非"40比40"。在出现平局后一名球手再得1分，被称为"占先"（advantage），而不再记分。如果在占先的情况下失去1分，就再度回到平局；如占先后再得1分，就赢得一局。发球手占先，或在领先对手2分及以上的情况下，被称作握有"局点"（game point）［如果赢得这一局后又恰好可以赢得一盘，就称作"盘点"（set point），能赢得比赛就称作"赛点"（match point）］。如果是接球手处于类似情况时，被称作握有"破发点"（break point）。每次发球前，比赛裁判应当口头报

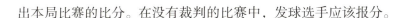

出本局比赛的比分。在没有裁判的比赛中，发球选手应该报分。

（二）盘

一盘由多个局组成，当一名或一组选手获得规定条件的局数后，一盘比赛结束。选手在每个单数局结束后交换比赛场地。一盘中局数的比分是以正常的数列表示的。每局比赛前由裁判报出本盘比赛的比分。

基本上，率先获得6局比赛胜利并领先对手至少2局的选手赢得该盘；若其中一方赢得6局却未领先至少2局，则该盘必须继续，直到一方领先2局为止（亦即达到6比4、7比5、8比6等比数的话该盘便告结束；但若比数为6比5、7比6、8比7等，则该盘继续，因为领先一方并未领先2局）。这种计分法称作"领先盘"（advantage set）。这种计分方式在职业赛中时常仅出现于最后一盘（五盘三胜比赛中之第五盘，或三盘两胜比赛中之第三盘），但亦有不少赛事仅采用此形式。

目前另一常见的记分方法是，当双方在一盘中战至6比6时，会举行一局特殊的"决胜局"，又称"抢七局"。赢得此决胜局的选手就以总局数7比6赢得该盘。还有些时候，在5盘制比赛中的最后一盘，如果双方战成6比6，就没有决胜局，而采用传统的方式直到一方连续获得2局的胜利后比赛才结束。

在决胜局比赛中，记分采用正常的数列表示，率先获得7分并领先对手至少2分的选手获胜。决胜局开始时的发球权归上一局比赛的接球选手，该名选手在自己的右边发球区发球，然后将发球权交给对手。接下来双方在每两次发球后便交换发球权。每名选手在其每两次发球中，先在左边发球区发球，再在右边发球区发球。每当比分数总和达至6的倍数后，双方须交换场地。决胜局完结后，双方亦须交换场地，因为决胜局必定是单数局（一盘中的第13局）。

（三）比赛

大多数比赛由多盘组成，而且总盘数一般为单数。大满贯男子单打比赛有5盘，率先赢得3盘的选手获胜；而其他比赛一般有3盘，率先赢得2盘的选手获胜。

发球权在每局比赛后交换，不受一盘比赛的开始或结束影响。决胜局亦算作一局比赛。一场比赛的总比分可以只给出总盘数的比分（例如3比1，表示胜者赢3盘，败者赢1盘），也可列出所有局数的比分，但必须先列出胜者的比分。例如7-5，6-7（4），6-4，7-6（6）采用的就是后一种记分方式，表示获胜的一方赢得了第一、第三和第四盘的胜利，而第二和第四盘是靠决胜局决出胜负的。在括号中的数字表示的是输的一方在决胜局中得到的分数，例如第二盘决胜局的比分就是4-6，而第四盘决胜局的比分则是8-6。

二、裁判与球童

在一场正式比赛中，除了球员外，还有相关人员在场。网球比赛的主裁判坐在球场外一边的中间的高椅上，他对比赛中所有事件拥有最终仲裁权。此外还有边裁协助主裁判的判决，他们主要的工作是决定球是否落在规定的区域内，以及检查球员发球时是否违例。此外还可设一名网裁，负责判断发球时球是否触网。

比赛中还可设球童，负责捡球以及将球和毛巾递给球员。他们不负责比赛的裁决。场外裁判一般坐在观众席中，拥有对比赛规则的最终解释权。

三、其他规则

网球比赛应该是连续进行的，因为运动员的体能也是比赛胜负的决定因素之一。大多数情况下，发球应在上一次得分后20秒内进行；球员交换场地（每2局后）则应在90秒内发球。每盘比赛后有120秒的休息时间。通常在正式比赛中，球员如果出现伤病，被允许有限次数的短暂停呼叫治疗师入场治疗。除此之外其他拖延比赛进程的行为会被警告甚至罚分。

由于球的状况也是决定比赛结果的因素之一，所以球的使用有严格规定。在正式比赛中球的损坏速度是非常快的，所以规定每9局比赛需换一批新球。不过比赛开始后使用的第一批球在7局比赛后就要更换，因为该批球在球员的热身活动中就已经使用过了。如果由于种种原因比赛被迫中断（大多数情况是由于天气问题引起的）后重新开始时，运动员需要再次热身，就必须使用新的球，热身结束、比赛正式恢复后再用之前使用的球。

轮椅网球比赛可以在健全人或需要轮椅移动的残疾人之间举行。在这种比赛中运动员必须坐在轮椅上击球，球员也被允许可在球反弹2次后再击球。这个规则使得残疾人和健全人之间的混合赛变得可能。

还有一种叫"加拿大式双打"的网球比赛形式，由1名球手与2名球手对打。对单人方，使用单打规则，即对方回球必须落在单打线内；对双人方，使用双打规则，即对方回球落在双打线内即算有效。

⭕ 思考题

1. 当今职业网坛发展趋势是什么？
2. 影响职业网坛发展的因素有哪些？
3. 如何选择网球拍和网球鞋？
4. 与乒乓球和羽毛球相比，网球比赛计分有何特点？

第二章
网球运动中的
生物力学

○ 本章概要

1. 了解网球运动中的BIOMEC原理。
2. 掌握提高球拍速度的方法。
3. 掌握利用动量、动量矩有效击球的方法。
4. 了解网球拍与网球的运动生物力学原理。

第一节　运动生物力学及其在网球中的应用

生物力学的学习非常必要。网球爱好者常常遇到这样的问题：我该买哪种新型球拍呢？费德勒的新款球鞋适合我吗？我的肘部为什么会疼？这些都需要通过了解生物力学的相关知识才能得到答案。运动员运动成绩可以通过多种途径得到提高。在技术占主导地位而非身体结构或生理能力占主导地位的运动中，运动生物力学在提高运动成绩方面最有用，运动生物力学的本质就是运动技术的科学，所以对于提高运动成绩方面最有用。定性分析是本章的重点，而本书介绍的生物力学的基本原理为人体运动的定性分析提供了理论依据。

研究表明，在训练中教练员太多的指令会抑制运动员的学习。教练员给运动员太多有关他们学习技术的信息会导致他们对自己的表现进行"过分分析"，结果这些运动员比没有接受指令的运动员学习得还要少。我们的研究显示，当运动员不需有意识地考虑自己的表现时，暗示学习的效果是非常显著的。一些学者认为，比赛型训练方法在这一点上是非常有益的，因此推荐应用比赛型训练进行网球教学，即通过引导发现来激励学习。教练员也应该避免给运动员提供不恰当的反馈，甚至使运动员放弃继续参加网球训练。在对运动员的技术进行两次积极性评论之间可以有一次否定性评价（但要用积极的方式），这种方式证明会有较好的效果。

传统的练习总是根据运动员的准备姿势或者站位、握拍、后引、前挥、击球、随挥等技术环节来评价击球动作。这一方法鼓励教练员精确指出击球动作形式上的差别，却并未有助于提高对成功击球的生物力学原理的理解。对教练员来说重要的是知道生物力学和击球技术是有关系的，但它们并不是一回事。

下面的例子可以说明生物力学和击球技术的不同：两个运动员的击球技术非常不同，但因为他们的技术都符合运动生物力学原理，所以击球效果都很好而且都不会增加损伤的危险。教练员往往只从动作技术的外在形式判断一个运动员技术的优劣这是不对的，教练员应该将具有良好生物力学特征的击球判定为良好击球，而不能只教条地认定某一种技术就是好的。

为了使教练员懂得网球的生物力学原理并使他们更好地将其应用到训练中，国际网球联合会发展了"BIOMEC"〔用六个生物力学概念的第一个字母组成的缩写词，balance（平衡）、inertia（惯性）、reacting force（反作用力）、momentum（动量）、elastic energy（弹性能）、coordination chain（协调链）〕。缩写的每个字母都与网球中某个对击球和移动产生重要作用的生物力学概念相对应。图2-1概括了一些例子，说明这些缩写字母的意义和所代表的生物力学概念及其在不同网球击球动作和移动中的作用。

· 惯性（inertia）

在进入这一位置过程中，运动员最初须充分地后摆。但是，他马上缩短了拍子和身体的距离（缩短转动惯量），这样可以使球拍与上肢系统在前摆击球时获得更快的速度。

· 弹性能（elastic energy）

上肢肌肉可以产生较大的收缩力，如背阔肌和胸大肌，都在最大外旋过程中得到拉长，储存了弹性能。当开始向上蹬伸下肢时，运动员的拍子会被迫向下运动并远离背部。这种能量在发球动作上臂内旋过程中的释放会帮助拍子获得速度。

· 平衡（balance）

运动员在准备击球过程中，将他的后脚（右脚）前移，与他的前脚靠近（foot-up站位），这样做虽然减少了支撑面积但可以保持良好的平衡。屈膝和躯干扭转的组合有助于将其重心保持在支撑面内。与不用两脚蹬起技术的运动员相比，借助"后脚跟上"（foot-up)发球技术可以获得更大的地面垂直反作用力和更高的击球点。

· 动量（momentum）

在前摆阶段，躯干会在三个平面内运动（①水平面，与人体长轴垂直；②额状面，两肩连线所在的平面；③矢状面，躯干的屈伸），以使球拍在击球时获得更大的速度。运动员需要在这三个平面内进行很好的转动。他肩部的姿态也有助于其躯干侧倾的转动，这一转动是使球拍产生高速的主要身体特征。

· 协调链
（coordination chain）

在前摆过程中，一系列的动作需要协调配合（下肢蹬伸，躯干扭转，上臂上举并屈肘，前臂伸展并内旋，上臂内旋，手在腕关节屈），这一系列动作从下至上使球拍获得发球的速度。

· 反作用力（reacting force）

当运动员向上蹬起时，地面给他一个方向相反、大小相等的反作用力。运动员利用这个主要由下肢蹬伸所产生的力使身体升起并向前击球。

图2-1　BIOMEC原理在网球击球中的实际应用

一、惯性

一切物体在没有受到力的作用时，总保持匀速直线运动状态或静止状态，物体具有保持原有运动状态不变的性质，称为惯性。当物体做平动时，其惯性的大小由质量来量度；当物体做转动时，其惯性的大小由转动惯量决定。

（一）质量

质量是衡量物体平动惯性大小的物理量，用以描述物体保持原有运动状态的能力。物体质量越大，保持原有运动状态的能力也越大；反之，物体质量越小，保持原有运动状态的能力也越小。比如体重较大的运动员向各个方向的直线运动都较体重轻的运动员困难。体育运动中合理利用惯性，可使动作更加经济协调、减少能耗，即通常说的"巧劲"。如保持一定速度比改变速度容易、省力得多，如长距离游泳、跑步中，适宜用较稳定的速度。

（二）转动惯量

当物体做转动时，其惯性的大小由转动惯量决定。转动惯量越大，物体越不容易改变自己的转动状态。转动惯量不仅与质量有关，而且与质量分布有关；质量（m）越大，距离转轴的距离（r）越远，转动惯量（I）就越大。公式表示为$I = m \times r^2$。

转动惯量的公式表明物体对转动的惯性相对于质量更多地取决于其质量分布。这种由于质量分布位置相对于旋转轴的改变，而使转动惯量显著增加的特性对人体运动特别重要。单手反手击球的运动员开始向前挥摆时，其肘关节弯曲，球拍靠近身体，使身体转动更快。如果球拍远离身体，会由于转动惯量增加而减慢转动速度。

在网球发球、击球中，肢体的屈曲能够改变肢体绕关节转动轴的质量分布，减小肢体的转动半径，使肢体的转动惯量减小，从而使后续的肢体加速变得较为容易。如网球发球，挥臂前合理的向后屈肘动作，可以缩短挥臂时以肩关节为轴的转动半径，减少转动惯量，提高挥臂的初速度。随之边挥臂边伸肘，加长转动半径，增加挥臂的线速度。在挥臂转动的角速度不变的情况下，上臂甩得越直，挥动半径越大，线速度越快，击球越有力。

对于网球球拍来说，转动惯量通常被称作"挥拍重量（swing weight）"。相同平衡点的球拍，重量越大的挥拍力量就越大；相同重量的球拍，平衡点越靠近拍头，其挥拍力量就越大，因为此时球拍重心距离手握拍点（转轴）远，从而转动惯量较大。专业运动员常常使用胶带或者铅片绑在拍头的位置，目的是提高击球速度和稳定性。这种方法可以改变球拍的质量分布，转动惯性的改变比线性惯性改变大得多。胶带或者铅片加在拍框边上可以增加稳定性，减小横向的偏心碰撞；胶带或者铅片加在拍框顶上，会增加向前挥拍的转动惯量（挥拍重量）。

二、作用力与反作用力

两物体相互作用时，它们之间的相互作用力总是大小相等而方向相反。例如，网球给球拍的力与球拍给网球的力大小相等、方向相反；球员在跑动时以脚蹬地，而地面产生的反作用力向与蹬地方向相反的方向推动球员移动；跳起扣杀前，运动员会屈膝以降低重心，并给地面向下作用力，此时地面会产生向上的反作用力，以帮助运动员起跳。在网球运动中，所

有的击球动作都起始于地面的反作用力，最终以球拍击到球的动量转移为终点。（图2-2、图2-3）

运动员必须向下、向左蹬地，从而产生向上、向右的地面反作用力。

图2-2　作用力与反作用力

有了扎实的根基，转髋、转肩等其他部分的力量也能充分地发挥出来。增加屈膝的程度可以最大程度地发挥击球的力量。

图2-3　击球的力量都来自地面反作用力

三、重心与平衡

人体重心是整个人体所受重力的合力的作用点，并不是特指身体上某一个固定点；站立时，一般在身体正中面上第三骶椎上缘前方7厘米处。在体育运动中，由于身体姿势的变化，重心位置也随之变化。比如，手臂上举，重心升高；下蹲，重心下降；向左体侧屈，重心左移。重心移动方向总是与环节移动方向一致，并且重心移动的幅度取决于环节运动的幅度，环节运动的幅度大，重心移动的幅度也大，并且其环节质量越大，则重心移动幅度越大。某些动作，重心有可能超出人体外（图2-4）。

在网球运动中，人体平衡姿势稳定性的大小，对完成各种动作具有直接影响。平衡是一个人相对某个支撑面控制身体姿态的能力。身体姿态的稳定性和灵活性呈反比关系。

影响下肢平衡的主要因素有：支撑面的大小、重心的高低及重力作用线在支撑面中的相对位置。支撑面越大，稳定性越好；重心越低，稳定性越好；重力作用线接近支撑面边缘，那么人体在这一侧的稳定性就差。（图2-5）

重心

图2-4　重心在人体外

支撑面积是由各支撑部位的位置及它们之间所围成的面积组成。

图2-5　支撑面越大，稳定性越好

比如，运动员的开立步过宽，他可以获得良好的平衡，但会由于过于稳定而不能从站立位置快速侧向移动。相反，如果开立过小使支撑面积较窄，运动员可以很容易地产生侧向移动，但会限制向各个方向有力蹬伸和移动速度。

四、线动量与角动量

可以用速度度量一个物体的运动，但这仅从运动学考虑，不牵扯力。如果从动力学角度考虑，则必须考虑物体的质量。比如，相同速度的网球与铅球，从运动学的观点它们的运动是一样的；但是要将两者停下来，费力程度就大不相同了。因此，在动力学中度量物体的运动使用质量和速度的乘积，称为线动量。

　　为了度量旋转物体的运动，在力学中使用角动量的概念，角动量是转动惯量和角速度的乘积。目前职业选手站位的潮流是使用开放式站位。但是使用开放式站位的拍速并没有比封闭式站位的拍速更快，封闭式站位甚至会快一些。因为封闭式站位在击球时线动量会更多，而开放式站位在击球时角动量（转动）会更多。但是网球击球中速度、力量并不是全部。精度、深度及稳定性都是非常重要的，而这些与球的转动是紧密联系的。（图2-6）

左图中反手截击，运动方向是直线，产生动量；右图中正手击球，通过身体旋转产生角动量，击出上旋球。

图 2-6　线动量、角动量示意图

　　动量定理：物体动量的变化等于它所受合外力与时间的乘积，即 $F\Delta t=\Delta vm$。等式左侧（$F\times\Delta t$）是力作用一段时间所产生的冲量，等式右侧是动量的变化量，或是说初动量与末动量之间的变化量。

　　由公式可知，动量的变化可以是由一个较小的力作用较长的时间，也可以是由一个较大的力作用较短的时间而获得的。例如，投掷项目，为了增加器械的出手速度，即增加器械的出手动量，应增加在最后用力阶段对器械的冲量，所以往往要求最后用力前使身体尽可能超越器械。其作用一方面可以使原动肌拉长，提高肌力；另一方面可延长用力距离，从而延长作用时间，达到增大冲量的目的。总之，要增加冲量，可增加力或者力的作用时间。

　　动量定理常用于碰撞问题的分析，这在网球运动中也很重要。在网球发球的触球前，球在水平方向（指向球网方向）的动量几乎为零，多数动量都是在垂直面上。在触球时，球弦作用于球上力（F）（触球时间很短，通常是0.004秒），产生冲量从而改变球的动量。在球拍与球碰撞的实例中，在球拍触球时因为有较大的速度而产生较大的力，所以力作用的时间较短。又如在打高压球后的落地阶段，通过屈曲下肢关节，腿部缓冲，从而增加力的作用时间，最终减小足与地面之间的作用力。

五、弹性能的利用与预拉长肌肉原理

在网球运动中，有效利用肌肉的弹性能是非常重要的。

在完成动作时，人体环节通常先向相反方向运动。比如在完成击球动作时，首先会向后引拍、躯干扭转。反向运动能够使肢体预先拉长肌肉，这一动作有几方面的重要作用：①有利于原动肌充分拉长使其处于一个最适的初长度，可提高后续肌肉收缩的爆发式收缩力；②预先拉长肌肉，使其在主动收缩前获得一定的弹性能，然后再在肌肉进行主动收缩过程中，转化为动能释放出来，使得肌肉收缩更加有力；③肌肉快速拉长会引起牵张反射，反射性引起肌肉力量增加；④可延长力的作用距离。这对于完成击球动作的肢体获得较大的动能有着十分重要的意义。

正手和反手击球动作是肌肉在拉长—缩短周期中弹性能变化的典型例子。在肌肉的拉长（向后引拍）阶段弹性能储存在肌肉中，这部分弹性能将在向前挥拍（肌肉缩短）过程中增加球拍速度。

六、协调链（动力链）

球员在击球时所需要的力量与速度，并不是单独由身体的某一部分产生的，而是各相关部分力量与速度的积蓄，力量和速度从产生点，经身体一系列的部位传递和叠加，最终传至拍头，并旋加在球上，构成一个链条系统，即所谓的动力链。球员在运动的同时，要保持击球的有效性和准确性，保证力量的正常传递，还需要保持身体的静态与动态平衡。

人体的各个部分连在一起，组成一个类似于链条连接的系统。在这个系统中，一个环节，即身体的一部分产生的能量或力，能够被有效地传至下一个环节。这种运动能量/力的传递，就是动力链。网球运动的每一个技术动作，实际上就是一组有顺序的肌肉活动和骨骼、关节的协调活动，从而产生了球员的动作、位置和速度。每一个环节（部位）产生力，并且是下一个环节的基础。恰当的顺序可以产生有效的力量和动作。

网球运动有两种发力的方法：一种是"推动"，即力自下而上推动持拍手、球拍及拍头；另一种是"拉动"，即由持拍手或臂发力，带动身体。合理的动力链是第一种方法，但很多业余球员中，常见的是第二种方法。网球的击球动作可分为两类：一类是力量型，如正反手击球、发球、高压球、挑高球；另一类是精确型，主要是截击球。实际上，所有力量型动作的动力链基本相同，都是以双脚蹬地开始，将地面的反作用力经腿、髋、躯干、肩、上臂、前臂、腕传递并将这些部分产生的力进行叠加，传至拍头，以拍头加速将球击出为结束。这一系列动作构成的动力链，就是为了使链的末端，即手和球拍，以最佳的位置和最佳的速度将球击出。在网球的击球动作中，大部分的能量和力来源于腿和躯干，这些能量和力要经过动力链进行传递，最终作用在被击打的球上。研究发现，如果发球时髋或躯干至肩的运动能量减少10%，就要求肩部转动的速度增加14%，肩部压力要随之增加，才能保持传递到

手和球拍的运动能量相同。（表2-1）

表2-1　发球时人体动量传递模拟表

环节	质量 /千克	×	速度 /米·秒$^{-1}$	=	动量 /千克·米·秒$^{-1}$	=	求和 /千克·米·秒$^{-1}$
腿	17	×	1	=	17	=	17
髋	15	×	2	=	30	=	47
躯干	25	×	3	=	75	=	122
肩	15	×	6	=	90	=	212
上臂	4	×	22	=	88	=	300
前臂	3	×	35	=	105	=	405
手	1	×	100	=	100	=	505

通过表2-1可知，上一个环节的速度会累加到下一个环节。质量大的身体环节运动慢，但能产生更大的力。质量小的身体环节运动快、产生力小，能使球产生关键的速度。

在网球的击球过程中，躯干的转动和下肢的伸展，使球拍向前运动，同时是"击球肩"速度的主要动力。躯干的有力转动对击打手臂的滞后运动极其重要，这样在前摆早期可拉长肩部肌肉，为后续的向心收缩奠定良好的基础。躯干连续向前转动，使肩持续获得向前的加速度。研究发现，在击球时肩向前的速度约为2米/秒，肩的速度对向前和向上击球速度的贡献约为15%。上臂的向前运动是正手击球的主要力学特征，它对向前速度的贡献为20%～30%，对向上速度的贡献约为20%。在前摆过程中，肘关节的角度保持相对恒定（约100度），因此，肘关节对击球速度不产生作用。在后摆完成后，上臂的旋外在击球前转变成旋内，这种转动在优秀运动员正手击球中非常明显，这也是获得较高击球速度的重要组成部分。现已证实，上臂旋内的肌肉，在击球前和击球时收缩积极有力；在击球时，肩关节具有较高的内旋力矩。腕关节的向前和向上屈曲尽管属于小关节的运动，但在击球的速度中同样起着重要的作用。在网球击球过程中，从持拍后摆到前摆，再到最后击球，整个动力链体现一定的活动顺序性特征，每个环节都有其本身的活动特征，而击球前环节的活动特征正是保证具有良好击球效果的重要原因所在。

● 动力链的常见问题

如果在击球时运动员的某些环节没有注入动力链会导致严重后果，会使力量减小且增加损伤概率。因为当一个环节没有进入动力链时，其他环节需要代偿它的作用，从而其他环节的负荷也会增加。如果在击球时运动员没有积极屈髋，那么力量就会不足，且对其他环节也会带来负担。（图2-7）

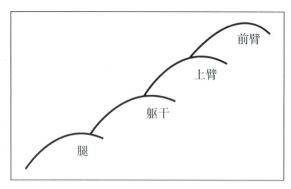

图 2-7　髋没有进入动力链

　　各环节运动的时机错误也是动力链的常见问题。某个环节进入动力链太早或太晚，都会影响击球的效率。下一个环节应在上一个环节达到最大速度时再开始运动。（图2-8）

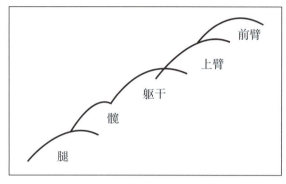

图 2-8　上臂进入动力链过早

　　不必要的身体环节进入运动链会影响动作效果，使动作难以控制。常见问题就是腕关节的多余运动（尤其是截击），其会导致击球控制下降。（图2-9）

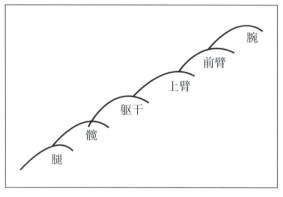

图 2-9　不必要的身体环节（腕）进入动力链

七、活动范围

在人体运动过程中，运动员可以调节参与运动的关节数量、关节的运动幅度来调整活动范围。要求较高精度且较小力量、速度的活动，需要身体环节限制活动范围；要求最大力、速度的活动，需要较大的活动范围。增加活动范围，能够为加速或减速提供有效途径。（图2-10、图2-11）

图2-10　较高精度的击球，需要限制身体环节的活动范围，如截击

图2-11　要求最大力、速度的活动，需要较大的活动范围，如底线击球和发球

八、动作技术与损伤

损伤是运动员运动生涯中一种不可避免的因素。无论运动员的竞技水平如何，从业余运动员到专业选手，都会遭受由于肌肉、骨骼损伤引起的活动限制和运动表现失望。减少运动损伤机会及促进受伤运动员损伤后的治疗和恢复需要多学科的配合，包括解剖、生理、医学、运动学、心理学和力学方面。大多数损伤有其力学原因，力及其相关因素（如能量）是决定损伤可能性和严重程度的基本因素，因此生物力学是损伤的研究重点。

一般情况下，人体运动由内力（即肌肉收缩力）和作用于人体的外力（即重力、地面和/或体育器械对人体作用力）所产生和控制。通常，人体的软组织和骨骼都可以安全地承受这些力。这些力对人体组织器官（特别是骨骼等）的正常生长和发育起着十分关键的作用。没有力学因子的刺激，骨骼、肌肉和很多软组织都将出现退化或者萎缩。但是，当力超过了组织可以承受的能力，就会产生损伤。对所有的与损伤有关的力来说，决定损伤性质和程度的因素有7个：力的大小、位置、方向、作用持续时间、频率（力作用的频繁程度）、可变性（在作用过程中力的大小是稳定的还是变化的）和力增长率（力以何种速度作用于身体）。由一次或一些超负荷事件引起的损伤称为急性损伤。在猛烈碰撞的时候经常发生这种急性损伤。反复的负荷会导致组织损伤，这种损伤称为过度使用或慢性损伤。

流行病学调查表明，网球损伤主要是由于过度使用引起。运动员训练比赛时受到一定的外载荷（地面反作用力和振动）和内载荷（肌肉力和力矩）的影响。载荷指标包括载荷增长率、力与力矩的最大值等。运动员肩和肘关节受到的载荷与发球速度、膝关节屈伸运动都有关系。

网球肘因网球运动员易患此病而得名，它的医学名称为肱骨外上髁炎，即是在肱骨和其外髁的总伸肌腱附着部位出现撕裂伤。伤害原因为当伸肌收缩时腕部同时做剧烈屈曲动作，通常都是在反手打网球时由动作不当所致。肱骨外上髁炎并不仅仅发生于网球运动员，在其他涉及做反手击球动作的运动员（如壁球、高尔夫球运动员）也易患肱骨外上髁炎。此外，日常生活动作如举起重物等，也可引起网球肘。（图2-12）

图 2-12　网球肘可能的原因：单反击球时网球的
撞击会引起前臂伸肌的牵张反射

上臂在肩关节的快速旋内是高水平发球动作的特征，这是由旋内肌群（例如背阔肌、胸大肌、肩胛下肌、大圆肌及三角肌的前面部分）牵拉它们与肱骨相连的肌腱的结果。为了可以达到最佳功能效果，上臂一定会在肩关节产生一个很大的旋转速度，因而肩部的肌肉会在肱部（上臂处）及肩胛部位施加一个很大的作用力。这些作用力和负荷很可能会造成运动损伤。

肩部损伤的原因之一可能是负责上臂加速然后减速的肌群的力/力矩峰值的不平衡。在肌肉力量训练中，要同时注意训练其向心收缩和离心收缩模式，肌肉力量的不平衡将导致运动损伤。

九、定性分析

定性分析是网球教练员最常用的对击球动作技术进行分析的方法。教练员通常是通过视觉来评价动作技术的，并做出口头上的纠正，但是有效的定性分析不仅仅是对动作技术的视觉反馈。对动作技术进行全面的定性分析是指：系统性的观察，对动作质量进行准确判断，其最终目的能够给运动员提供最适宜的技术指导，以改进其动作技术。全面的定性分析是跨学科领域的，即教练员要把自身的经验与多学科的知识（生物力学、生理学、心理学等）相结合。对动作技术进行全方位定性分析是优秀运动员提高水平的关键因素。

对击球动作的定性分析有四个阶段：准备、观察、评价诊断、干预。

第一阶段是准备工作。教练员要回顾有关击球方面的生物力学知识，加深对运动员的了解，以及掌握所参加比赛的情况。

第二阶段观察。教练员通过观察收集所有与动作技术相关的信息。

第三阶段评价诊断。其包括两个重要且复杂的步骤。第一步，教练员通过运动员击球的优缺点来评定动作技术。准确判断出所有的弱点或错误是非常重要的，同时指出需要加强和发扬的技术优势。第二步，对动作技术进行诊断。教练员须从很多动作技术的弱点中确定最严重的问题。若把注意力放在那些缺点上，教学指导效率低，甚至可能起相反作用。有些动作缺陷仅仅是动作变形，有些动作缺陷其实是更加严重问题的征兆。通过对运动员最主要的动作弱点的判定，定性分析的第三阶段可使教练员最大限度地挖掘进行技术指导的潜能。例如，教练员要帮助一名运动员改进发球时抛球方位的问题，可能在以下几个方面提出要求：在触球时躯干的姿势、发球时肩部要大幅度内旋、球拍和前臂要在一条直线上。

第四阶段，干预，即对运动员进行技术指导。技术指导不仅仅是动作的简单评价，还要给出及时的反馈，一个好的策略是纠正动作技术工作中的关键。教练员可能会说："截击球时的脚下动作做得非常好，但需要注意的是，以后截击球时要稳住手腕并积极地向前移动。"要做出最有效的技术指导，教练员就必须把生物力学的知识与定性分析相关的内容相结合。帮助运动员改进技术的方法很多，因此对技术的指导也不应仅局限于口头反馈。教练员可以对一个新的练习动作进行描述，做辅助手势，提供所要学习动作的图片或录像剪辑，或是以适当的韵律节奏作为听觉提示。比如，教练员可使用录像带重复放映标准击球动作的图像和击球声音的节奏。

对于优秀的运动员来说，教练员要和他的运动员一起做出决定，这样反馈回去的信息不要像是一个命令，而更像是提出了一个建议。假如运动员赢得了一场比赛，教练员则可通过对下一场比赛的预测，来讨论与这场比赛中相类似的技战术。在这个例子中，教练员可以说："你对处理反手上的斜线短球有什么感觉？"依据运动员所表达出的想法，教练员可以这样回答："在我看来，在那个位置上的回球，你可以使用积极的反手直线球。我认为你采用的站位方式限制了你的移动范围。如果你能更好地注意对手的来球线路，或许你能够移动得更加迅速，并且封住角度。这样可以使你在对手回击球时，通过髋部的充分扭转掌握好自己的步调，并快速回到预备姿势。你的挥拍动作十分出色，我想你能够处理好所有的击球，因此让我们把注意力集中在怎样尽早地救到所有的球，并始终让你的对手处于防守的状态。那么你是怎么想的呢？"如果运动员赞同你的这些评论，他将会在下次比赛前紧接着的训练过程中做出调整。

在网球击球动作中，人体和球拍的运动速度都非常快，因此常通过重复播放慢动作的录像来增强教练员的观察能力。反复且更全面地观看录像带是反馈的一种形式，也是增强定性分析中观察能力的手段。普通的数码摄像机每秒钟能够捕捉到50个画面。要想获得清晰的画面，须使用1/500秒或1/1000秒的快门速度。快门速度如果较慢，拍摄出的人体动作会出现拖影，但是随着快门速度的增快就需要更高的照明条件。在室外光线充足的条件下可以获得高质量的图像画面，在室内教练员则需要借助便携式的电灯来增加照明度。重复播放慢动作时可使教练员观看到击球动作的细节部分，而这些细节是在实际运动过程中很难观察到的。随着数字化模板在图像采集中的发展，计算机工作人员为教练员开发了专门对图像进行定性分析的程序（如DVCOACH & Dartfish）。

第二节　提高球拍触球时的速度

一、弹性能与肌肉预张力对提高球拍触球时的速度的作用

在网球运动中，神经系统的因素对于提高球拍速度有一定作用，把这种作用归结为一种预先的肌腱拉伸，具体地说是：

● 储存的弹性能的再利用。

● 在离心收缩（后引拍）后，向心收缩（前挥拍）开始阶段肌肉的高度兴奋状态。

这一原理表明，在肌肉拉伸—收缩循环过程中，弹性能的应用是一个相对简单的过程。在拉伸阶段，肌肉、肌腱及相关组织实际上是在拉伸并储存能量。网球的一次击球，在球拍与上肢的扭转阶段（向后引拍）或动作的准备阶段，能量便被储存下来。例如，在截击球前两脚分开屈腿的动作。相对的，在肌肉收缩阶段，拉伸了的肌肉（肌肉此时比在安静时具有更高的兴奋性）和肌腱恢复到它们的初长度，因而再利用一部分储存的能量继续维持运动。球拍的向前运动（例如，发球时上臂先内旋再外旋）可以通过肌肉预先紧张，来提高弹性能的利用水平，继而获得一个较好的位置进行发力。研究表明：

● 10%～20%额外的球拍速度是在拉伸—收缩周期后达到的。

● 如果一个动作在拉伸与收缩阶段中停留过长，能量就会损失。如果一次击球的后引拍—前挥拍过程中有1秒的停顿就会损失大约50%的储存能量。4秒钟的停顿后则几乎消耗了所有的储存能量。在一个类似发球的动作中后引拍—前挥拍（拉伸—收缩）动作中的停顿小于1秒时可以增加大约10%的最大手臂速度。（图2-13）

图2-13　随时间推移在后引拍—前挥拍阶段能量的损失增大

● 储存能量的再利用相当迅速，因此主要作用于一次击球的前挥拍过程的早期或向球移动过程的早期。这些主要对年轻的运动员非常有利，他们可以借助这些能量，克服球拍在击落地球或发球时前挥拍阶段早期过程中的惯性（挥拍力量）。

在球场上的移动速度与运用弹性能的能力部分相关。运动员屈膝时，向下运动的制动（加速向下）使得大腿前面的肌肉及其他组织（股四头肌肌群）拉伸，这样可使能量储存下来。如果在屈膝后快速地伸膝，储存的能量合并这些肌肉群的预张力，以及因此而能够快速产生的力量，将作用于下肢，驱动运动员向球的方向移动。

在击落地球的后引拍阶段，跨越躯干上部或肩部的肌肉拉伸，使肩部的转动大于髋部，达到扭转的效果。肩与髋的基线之间的夹角称为"分开角"。例如，反手击球时，单手握拍与双手握拍在充分后引拍时明显地表现出不同的分开角（单手握拍=30度，双手握拍=20度）。因此单手握拍击球利于弹性能和肌肉预张力的运用。（图2-14）

图2-14　肩与髋的基线之间的分开角

肩部的肌肉及相关组织，在击落地球和发球的前挥拍早期进一步拉伸。研究表明，运动员在正手击球的前挥拍早期躯干充分扭转使手臂"跟进"，从而加强肩部的肌肉拉伸（前挥拍时肩部与球拍不在一条基线上）。（图2-15a）

发球的后引拍阶段，上臂肌肉的内旋阻止其外旋（图2-15b）。内旋肌的离心收缩（肌肉紧张状态下拉伸）紧接着聚集力量迅速内旋上臂，表现为一个完整的大力发球动作。

截击之前双脚分开（无论是发球或上网击球之后），大约与肩同宽，双腿屈曲（图2-15c）。为了停止身体相对于球场的运动，股四头肌在伸展前的紧张状态下收缩，使运动员到达截击球的位置。这样有两点好处，不仅可以让运动员在移动到球的位置之前维持平衡，而且还可以通过使用储存的能量来加快移动的速度。

a. 在击落地球时肩部肌肉和肌腱的预张力

b. 发球准备　　　　　　　　　c. 截击前两脚分开站立

图2-15　击球预拉伸准备

二、球拍作用于球的距离对于球拍速度的发展

后引拍的一个主要作用是要在前挥拍过程中增加作用于球的距离，提高球拍速度。这些额外的距离通常需要克服球拍的"挥拍力量"，并为提高触球时的速度提供了时间。记住，随着球拍速度的提高，击球方向的动量也将增大（动量=质量×速度）。

研究表明，现今运动员的所有大力击球，都将一段球拍的移位作为后引拍的一部分。例如，单手反手击球，当躯干和手臂扭转到位时，球拍几乎平行于场后围栏（从对侧点大约旋转260度）；然而在双手击球时，球拍调整到稍微超过与围栏垂直的位置（从对侧点大约旋转200度）。当今优秀选手一般正手击球时转动球拍225度，而不是先前提倡的180度（垂直于场后围栏）。

一个弧圈状的后引拍动作，可进一步使触球时球拍速度的运动距离增加，因此这也是现今网球运动的重要特征。在教初学者击落地球时，弧圈状的动作技术比直接后引拍动作需要更好的协调性，因此在开始时就要学会控制。但是与直接后引拍相比，一旦正确掌握弧圈状后引拍动作技术，就可获得更大的球拍速度，但这常伴随球拍移位的加大。

球拍的移动关系到所有击球中速度的提高，甚至是在截击球时（与一个较近网的截击球相比的在发球线位置的截击球）；但是，在这一章中仅用发球和反手击球来说明这一问题。

● 现今的发球技术，球拍"远离"身体，在运动裤/运动衫平面之后，来增加球拍击球时的运动距离（图2-15b）。这样可以使肩部肌肉组织处于拉伸状态，从而进一步提高发球的动作技术。

● 目前优秀运动员在单手反手握拍时，常将球拍旋转，使得球拍平行于场后围栏；在正手握拍时球拍与场后围栏的夹角约45度。这均是为了增加球拍的运动距离，从而获得球拍速度。单手反手握拍比双手握拍击球时球拍的运动距离更长，双手握拍击球时则要通过更多的动作来补偿。（图2-16）

图2-16　双手（a）和单手（b）握拍击球的后引拍动作

三、动作协调性的应用

在网球运动中，如果既要求速度又要求准确性则身体各部位必须协调运动。运动员在打截击球时，如果要求准确性，则产生最终速度的身体部位的数量就会减少，并且各部位之间的运动会同时发生；而在大力击球时则需要更多的身体部位协调运动。

击球过程的每一个动作均可以看作为一个分解动作，去除任一动作都将会损失获得球拍速度的能力。一次击球的多个动作，以及所有高速击球的标准，都需要协调的运动顺序，如果错失时机或运动顺序不协调，则不能完成高质量动作。

在高速击球中身体各部分的运动一般遵循从近端到远端（腿—躯干—手臂/球拍）的顺序。要试图获得更大的球拍速度，则需要躯干更大的扭转，以及上肢远侧端（上臂、前臂和手）个别部位的用力。

例如，在反手向前挥拍时，伸肘和伸腕动作可增加在击球时的球拍速度。在击落地球和发球时肩部的扭转，不仅可以增加能获得球拍速度的运动距离，而且可以加大相对于整体的身体其他部位的运动（躯干的扭转），如果上肢运动协调则更有助于球拍速度的获得。

"腿部的用力"和"躯干的扭转"恰恰是发球技术的两个重要组成部分。击落地球时，躯干上部（肩）和躯干下部（髋）按顺序扭转则可增加躯干部位的"旋转"以及更好地利用能增加球拍速度的弹性能。

● 前挥拍时身体向前翻滚（图2-17a）。

● 前挥拍时肩—压—肩（图2-17b）。

● 后引拍时和前挥拍早期绕长轴旋转（图2-17c）。

这些动量随后传递到握拍侧手臂，以增加击球时的球拍速度。

 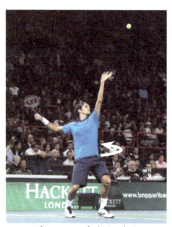 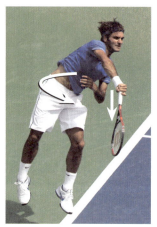

| a. 向前或空翻 | b. 肩—压—肩或侧手翻 | c. 长轴旋转 |

图2-17　发球时躯干在三个方向上的运动

多数教材都对发球的动作顺序（图2-18）进行了归纳总结。

图2-18　发球的动作顺序

四、击球的力量

专业运动员通常把"击球的力量"作为一名运动员成功的要素。这种"力量"指的是网球的旋转与球速的结合。

球的旋转是由球拍相对于球的运动和位置形成的。击球后任何球拍与球之间有目的的运动都是不可能的，因此球拍的运动就必须遵循一个预先确定的路线。发球时球拍的向上运动与球的向下运动相结合就能打出上旋球。

在击落地球时直到触球瞬间之前，向前挥拍的运动轨迹趋于平坦，之后轨迹变得陡峭以使球产生旋转。优秀运动员击落地球的击球区域中球拍的运动轨迹如下：

● 平击球：25度～30度。

● 击上旋球：35度～45度。

● 挑上旋高球：0度～70度。

可见，在网球运动中伴随球的高度旋转的高速击球经常出现。

○ 跳起击球可否增加击球力量

高水平运动员跳起击球时确实更有力，但跳起的时机必须非常精确。如果运动员离地过早，那么跳起时储存的下肢肌肉弹性能就会丧失，只剩下上肢去完成击球动作。

第三节　击球时的动量和动量矩

动量的产生和运用，在网球击球技术的发展中起着重要作用。所有运动员都有意或无意地用动量和动量矩来增加球拍的速度（力量）和加强在击球时的控制力。本节的目的便是阐述动量和动量矩的力学概念，让教练员和运动员了解如何在击球时运用这些概念，从而改进动作技术。

一、动量

假设两名运动员向球网方向跑动的速度相同，运动员A的体重比运动员B的重。哪一名运动员会更难使自己静止下来，以避免触碰球网？这个问题的答案要取决于运动员的动量。动量（P）是指每一名运动员运动量的量度，而这又是由两个力学变量组成的，分别是运动员的质量（m）和运动员的线速度（v）。从这一定义，我们可知运动员A会更难静止下来，因为他的质量较大，会产生较大的动量。

动量常用于碰撞问题的分析，这在网球运动中也很重要。在一次碰撞中，力（F）作用很短的时间（Δt），则改变了被撞物体的动量。这一关系被称为动量定理，意思是被撞物体动量的变化量等于作用于该物体的合力的冲量。其数学表达式是：

$$F \times \Delta t = \delta_{末} - \delta_{初}$$

等式左侧（$F \times \Delta t$）是力作用一段时间所产生的冲量，等式右侧是动量的变化量，或是说初动量与末动量之间的变化量。让我们来讨论一下在网球发球时球与球拍之间的碰撞问题。在触球前，球在水平方向（指向球网方向）的动量几乎为零，多数动量都是在垂直面上。触球时，球拍的弦作用于球上一个短时间（Δt）的力（F）。球拍产生的力经过短暂的时间（通常是0.004秒）产生冲量从而改变球的动量。由冲量的定义可知，动量的变化可以是由一个较小的力作用较长的时间，也可以是由一个较大的力作用较短的时间而获得的。球拍与球碰撞的实例中，在球拍触球时因为有较大的速度而产生较大的力，所以力作用的时间较短。关于这一概念的另一实例是在打高压球后的落地阶段，通过屈曲下肢关节，腿部缓冲下落的身体，增加力的作用时间，从而减小足与地面之间的作用力。

另一个力学上的重要定理是动量守恒定律。力作用于物体而产生冲量，则该物体在不受外力作用或所受外力之和为零时，将维持它所获得的动量。换句话说，运动员将动量转移到一次击球动作中并试图维持该动量，直到他们用地面的反作用力抵消了该动量为止。可见，运动员能够用在身体中储存的动量来驱动球拍和球的运动，但是如果该动量的方向与下次准备击球的方向相反，则必须克服此动量。本节将探讨动量是如何在身体中转移，从而驱动一次击球的问题。

当网球运动员击球时，他们可以使身体做直线运动或转动，也可以既做直线运动又做转动。一般来说我们很难见到运动员在静止站立时进行击球。运动员所产生动量的大小可以分为垂直分动量和水平分动量。有些击球动作需要较大的垂直分动量（如发球），其他的则需要较大的水平分动量（如正手和反手击球）。教练员应理解的关键问题是如何获得动量，以及怎样把动量有效地运用到击球与跑动中去。网球运动员从地面获得动量，通过步法和技巧把动量运用到不同的击球动作中。所有的击球动作都遵循一定的顺序，起始于地面反作用力，最终是以球拍到球的动量转移为终点。

让我们来了解一下在网球发球时，运动员是怎样获得垂直动量而使身体离开地面的。当运动员静止站立时，仅有两个力作用在运动员身上，分别是他的重力（W）和地面反作用力。因为没有垂直速度，所以运动员最初的动量为零。通过肌肉收缩，运动员给地面一个力，地面则产生一个相等的方向相反的垂直力。这个经过一段时间作用的垂直力将产生一个冲量（$F \times \Delta t$）。这一垂直冲量使运动员的垂直动量发生改变，一旦力大于运动员的自身重力则可使运动员从地面上起跳。

水平方向也可以应用同样的定律。通过跨步击球，运动员能够获得在击球方向上的动量，该动量来自地面产生的作用于运动员身上的水平方向力。

（一）发球

网球中的每一分球都开始于发球，而且这是仅有的一次完全可以由运动员控制的击球。网球运动员创造尽可能多的动量是有利的，因为这些动量会影响触球后球的速度与球的旋转。一个"上—外"的击球需要很大的垂直方向上的动量，水平方向上的球速则需要向前的动量来产生。水平方向上的动量取决于运动员发球时的平行式站立方式和两脚前后站位。（图2-19）

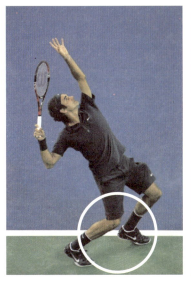 

平行式站位　　　　　　　　两脚前后站位

图2-19　发球站位

动量源于地面对运动员的反作用力。这两种站立方式，运动员都能够获得相当大的垂直方向上的地面反作用力（是他们体重的两倍），从而获得大量的垂直方向上的动量。站立的方式与地面产生的制动力之间存在着关系。运动员采用平行式站位技术，后足向前移动至前足旁侧，从而获得制动力，这个动作会减小身体向前的动量。通过双脚前后站位技术，运动员能够获得向球网方向较大的推动力，而产生更大的向前的动量，这样可以帮助运动员更快速地向球网方向移动。

动量可以用来驱使某部分向前或向后运动。同样这个理论可以用来解释运动员是如何通过垂直方向上的动量，在发球过程中获得更大的球拍顶端的速度。运动员垂直方向的动量能驱动击球侧肩部的向上运动，此时，上肢的远侧端位于背部后方，球拍指向下方（极度外旋的位置）。肩部的向上运动加上上肢远侧端的惯性，使得上肢远侧端下沉，从而增加了肩部的运动范围及肩部肌肉的预张力。这一过程可产生较大的球拍顶端的速度。（图2-20）

图2-20　发球时向上的驱动力
导致肩部肌肉收缩产生惯性

运动员采用双脚前后站位技术比采用平行式站位技术能产生更大的水平方向上的动量。相反，平行站位技术比双脚前后站位技术能产生更大的垂直方向上的动量，这样能够提高运动员的击球高度。

运动员获得足够的垂直方向上的动量以使自己在击球前从地面上起跳。动量只有在运动员与地面接触时才能获得。运动员不合时机的运动（例如，很快地向上跳起）将会导致动量的损失，这是因为运动员起跳不充分，阻碍了从地面产生的冲量。

（二）正手和反手

像发球一样，在击落地球时动量起始于地面的反作用力。许多研究都对平行式站位正手击球时的地面反作用力进行了测量。这些研究表明，运动员在击球前，足后部离地时，重心由足后部移动到足前部。重心的移动和足后部的离地都主要是为了获得击球方向上的水平动量。虽然目前尚没有数据来证明这一观点也同样适用于反手击球，但我们可以假设这一向前移动重心和小腿的蹬起理论同样存在于反手击球过程中，使得从地面到身体产生一个相类似的动量转移。

在网球运动中，球拍的设计综合其他因素，使得运动员能够采用新的正手击球技术。开放式站位正手击球，特别是在中线或边线上的回球，是专业网球运动员的击球模式，也是目前教练员们所提倡的。我们所说的开放式站位正手击球的好处之一，是由躯干强有力的旋转从而产生较大的球拍速度。这一问题将在随后本节的动量矩部分进行讨论。

开放式站位要求运动员两脚分开、侧步站立，而不是脚尖指向击球方向的站立姿势（图2-21a）。侧步站立应用到开放式站位中，能使运动员更快地恢复场上位置，但可能会损失击球的力量。这就是，侧步站立影响运动员在击球方向上的水平动量的原因。与开放式站位相比，通过关闭式站位（击浅球时），运动员能获得更多的向前方球场方向的动量（图2-21b）。向前的动量对于球拍速度的发展至关重要，其主要是因为躯干的向前运动增加了肩部的速度，同时有助于肩部肌肉组织的预张力。

a.纳达尔开放式站位击落地球　　b.费德勒使用关闭式站位

图2-21　击球站位

（三）随挥动作

为什么我们需要有随挥动作？设想如果你击打一个一般速度的正手球、反手球或发球时，而没有随挥动作的情形。在前挥拍时，发展肌肉力量以加速向前的运动，但在触球后，则需要通过对侧肌肉群的强力收缩来减小手臂和球拍的动量以停止其原有的运动。在此阶段这些肌肉呈拉伸状态（离心收缩），如果这些肌肉状态不好或准备不足，则会导致损伤的发生。

在球拍与球的碰撞过程中，球拍的动量用于改变球的动量。这些是怎样产生的？我们可以用冲量—动量的定理来解释。网球击球的持续时间非常短暂，而且不能够延长，球拍在击球时的速度对球拍到球的动量转移具有重要作用。其核心就是尽可能长时间地维持在击球方向上作用于球拍的力，以增加球拍的动量及随后球的动量。

没有随挥动作或是随挥动作很短暂，则必然会减慢击球前的球拍速度。最近的研究发现，技术好的运动员会增加他的球拍速度去击球，因此球拍速度的最大值出现在触球的瞬间。随挥动作能使球拍尽可能长时间地跟随球的预定轨迹运动。教练员经常教导运动员有关随挥动作的重要性。例如，在触球后让球拍的弦跟随球运动，或想象是在击打一连串的球，从而帮助运动员形成有效的随挥动作技术。（图2-22）

图2-22　随挥动作对速度的获得与
控制以及损伤的预防都至关重要

二、动量矩

动量矩是用于量度物体或人体转动运动的力学变量。人体的动量矩的数学表达式是：

动量矩=转动惯量×角速度

转动惯量是转动惯性的大小，与质量和质量相对于转动轴的分布有关。对于一个给定的质量，质量分布离转动轴越近，转动惯量越小，就更容易产生转动。例如，花样滑冰运动员想绕长轴快速旋转，则要让手臂紧贴身体，使长轴上的转动惯量变小。要减慢旋转速度，则要伸展手臂，以产生较大的转动惯量。像花样滑冰运动员一样，在网球项目中，我们有时也运用这一减小转动惯量的理论，如让小队员使用较小的球拍，或者是在正手击球时运用屈肘的技术。运动员不可能在空中获得额外的动量矩。因此，动量矩必须在接触地面时通过绕轴的旋转而产生。

正手击球和反手击球时的运动顺序同样是起始于地面的反作用力，随后是腿、躯干、上肢及最终球拍的向上运动。运动员身体的转动与其足部的运动形式及地面产生的动量和动量矩有关。前面已经讨论过运动员在正手和反手击球中是怎样获得动量的，以及动量又是怎样影响身体各部位的转动。这一部分我们将探讨，在正手击球和反手击球时动量矩是如何产生的。

（一）正手击球

动量矩与身体各部位的转动（髋、躯干、上臂、前臂和球拍）相互关联。测量这些转动常用的两种生物力学的方法，分别是肩部的基准角和躯干的扭转（分开角度）。肩部的基准角是底线与两肩连线之间形成的夹角，主要代表肩部的转动。躯干的扭转是两肩连线与两髋连线所形成的夹角，表示躯干在两髋上绕轴扭转。测得肩部的基准角在后引拍时约为101度，击球时为7度。经证明，在后引拍的最后阶段，两肩比两髋平均多转动13度（髋平均转动31度）。在躯干逆时针方向转动以前，躯干顺时针方向的大幅度扭转（从上往下看）有利于躯干大肌肉群的预张力。研究发现，髋部的扭转是肩部扭转幅度的一半以上，更重要的是，髋部肌肉兴奋性的最高点出现在向前挥拍的开始阶段。臀部的肌肉可使髋向后伸展（对于右手选手是右髋），这表明正手击球时躯干扭转的重要性。

躯干的扭转和下肢的运动会影响到肩部向前和向上的运动。它们可直接产生大约12%的击球时球拍顶端向前的速度，并且不依赖于正手击球的方式（平击球、上旋球或挑上旋高球）。使用不同的正手握拍法（双手与单手），躯干的扭转和下肢的运动都基本相同，产生的球拍速度大约占最终球拍速度的10%。站位的方式并不影响躯干的角速度与球拍的线速度之间的关系。

绕身体某部位的长轴进行的转动非常快。躯干绕其长轴的活动范围很有限，在击球前躯干的角速度在很短的时间内达到最大值，紧接着速度就开始减慢。在网球运动中，运动员不会为了维持角速度，而使躯干继续绕其长轴进行旋转，而是被迫减慢速度以防止损伤，并阻止身体向对侧的过度旋转。关闭式站位时，躯干的直线运动阻碍了躯干快速的旋转运动，但这样可以使上臂获得更大的惯性，以使躯干能够在接近触球时刻产生更大幅度的转动。躯干转动速度的减慢，能加强肩部肌肉组织的预张力，从而产生更大的肌肉扭矩。

（二）反手击球

躯干的扭转在反手击球技术与正手击球技术中同样重要，甚至可能在反手击球时的躯干扭转更加重要一些。反手击球时，击球侧肩部位于前方，使得不可能通过长距离来加速手臂的运动，在击球区域也不会有更好的灵活性，但这就减少了失误的出现。有研究表明，反手平击球时增加躯干的扭转，与球拍速度的增加有关。许多专业运动员在准备反手击球时采取球拍与场后围栏接近关闭的位置；运动员的肩部在后引拍的最后时刻处于与底线大约127度角的位置。在后引拍最后时刻球拍与肩部要在一条线上，这似乎对躯干的扭转起重要作用。这种大幅度的躯干扭转可产生更大的运动范围，从而能使躯干更大幅度地转动以及获得更大的球拍速度。（图2-23）上臂肌肉组织在反手击球中的运用要比在正手击球时少些。当单手反手击球时，运动员要动用肩部的外旋肌群，曾有研究指出网球运动员的外旋肌群要比内旋肌群弱。没有躯干的扭转或是肩部和躯干肌肉组织的预张力，将很难获得击球力量。单手反手击球的运动员在后引拍最后阶段，髋的转动幅度大于双手握拍反手击球的运动员。使用单手和双手这两种反手击球的方式，在前挥拍阶段髋的扭转基本相似，但使用双手握拍反手击球的运动员更多的是转动他们的肩部，从而使躯干产生更大的扭转。

图2-23　反手击球要获得快速的球
拍速度，躯干的扭转是必要的

第四节　球拍与球

一、拍线、球拍

（一）拍线

拍线上紧后过一段时间会自动变松，这是弹性材料蠕变的结果，应该及时调整和更换。高水平网球运动员为了在击球时产生更多的旋转，会喜欢比较高的张力，因此多在拍线断裂前就替换拍线。肠弦比尼龙的弹性更大，在出现显著蠕变前就会断裂。

至于究竟把球拍的拍线拉力定位到多大才是最佳值，则需要因人而异，但有基本的原则可以遵循。拍线绷得越紧，强度越大，击球时拍面的形变越小，与球的接触时间越短，施加在球上的力量也越小，对球的控制较好。反之，如果拍线调松些，击球时拍面变形大，对球的做功时间长，传递到球上的力量也相应增大，但会牺牲控制的精确度。如同一只弹弓，拉得越长，力量越大，但"准头"越差。另外还应考虑到，在网球和球拍碰撞的5毫秒左右时间里，两者都会发生弹性形变，但球的形变能量损失大，球拍的形变能量损失小。用"软"拍的较大形变换取球的较小形变，会更经济地使用能量。

以每小时100千米的速度挥拍，却可以打出每小时200千米速度的球，因为球速是挥拍速度和拍线弹性回复速度的叠加。

（二）球拍

球拍设计的目的是容易控制、舒适（最小振动）以及有力。球打在"甜区"上时，回馈的力量最大，手上感觉的振动最小。如果球打在远离"甜区"的地方，则不仅力度大打折扣，而且手常被震得麻酥酥的。甜区的扩大还使得运动员罹患网球肘的危险降低，从而延长了他们的职业生涯。当球敲在一个"恰到好处"的点上时，球拍的转动轴会和握柄重合，这个"恰到好处"的点就叫"打击中心"。在这个"中心"上打出去的球是不会对手产生转动力矩的。从拍面纵轴上的一个点击球时，不会给手带来振荡和反弹。这个点附近拍线的形变复原系数也最高。另外还有一个"震动节点"，球打在上面时拍子引起的震动最小。所谓球拍的"甜区"就是这两个点相邻近的区域。随着网球拍制作技术提高和头部面积增加，"甜区"也不断扩大。（图2-24）

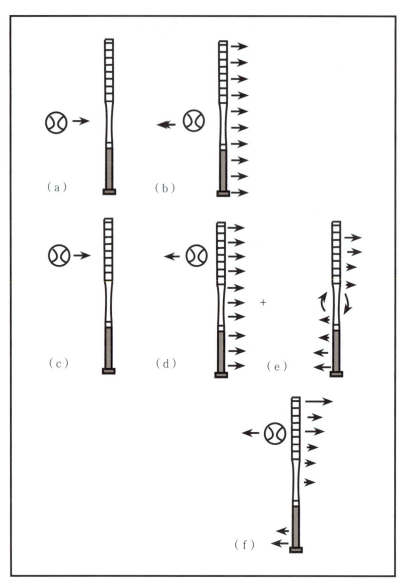

注：当网球击中球拍的重心（一般在拍颈）时（a），球拍将产生平动
（b），若网球击中拍头（c），球拍将产生平动（d）和绕重心转动
（e），从而导致握拍点的振动；可以看到在拍柄位置平动（d）和转动
（e）方向相反，因而在某个特殊位置击球，握拍点处的两种运动相互抵
消，使手感觉的球拍振动消失，这个击球的特殊位置就是打击中心（f）。

图 2-24　打击中心示意图

　　球作用在球拍上的时间很短，约为5毫秒，当拍子上端的拍线发生振动时，作用于上臂的相关肌肉的负荷持续时间为100毫秒左右。网球肘因此很可能不仅仅与冲击有关，也与冲击后球拍的振动和作用于相关肌肉上的负荷有关。（图2-25）

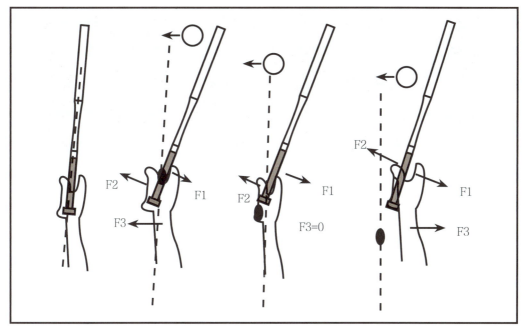

图2-25　F1表示手上部的受力，F2表示手下部的受力，F3表示两者在前臂的合力。
图中可以看出当球击中打击中心时，前臂合力为0

　　较硬的拍子和较硬的拍线可以有效地减小冲击后拍子顶部产生振动的振幅，并能降低由此产生并作用于击球臂肌肉上的负荷，但是并不能因此就说拍子越硬就越好。事实上，随着弦的硬度的增加，冲击所持续的时间减短，冲量就减小了。整个冲击过程由于持续时间分割为冲击前和冲击后两个阶段，冲量是指其中球动量的改变。拍线一定的弹性对于冲量的降低以及球的动能的一部分消耗是必需的。因此，球拍拍线适宜的硬度应该平衡减小冲量和降低冲击后振动两者的要求。不同的方式可以改变机械负荷以及损伤的发生率。举个例子来说，有研究证明用双手反手击球的运动员与单手击球的运动员相比，发生网球肘的损伤率要低。因此，可以假设与单手击球相比，双手击球动作中作用于肘关节处的总体内力和/或力矩更低一些。另外一个可能引起网球肘的原因被认为是在球拍—手臂系统中由冲击所引发的振动。有研究认为，与在球拍中心位置球相比，远离球拍中心击球的冲击会产生几乎三倍的振动。

> **知识卡片**
>
> 　　较硬的球拍会产生较小的振幅。握拍越紧，振动越小。置于球拍颈部的减震器可以快速减少拍弦的振动，但是对减少球拍振动没有什么帮助。
> 　　网球肘不仅仅与大冲击力或力心作用力有关，还与总体旋内作用力以及肘关节处肌肉肌腱的力矩的不合理分配有关，以及特定肌肉的未充分放松有关。

网球运动是网球与网球拍相互碰撞的弹性碰撞运动。球与网球拍相互碰撞时，在力的作用下互相变形，在球和拍面的变形恢复过程中，球就离拍而去。球拍拉线磅数在55磅以上的情况下，网球拍与网球相触时间为5毫秒左右。（图2-26）

图 2-26　高速摄影机拍下的击球瞬间球和拍面的变形与恢复情况

二、网球的旋转

网球的旋转主要产生两种反应：一是在网球飞行期间提供马格努斯力，引起飞行弧度的变化；二是网球落地后引起球反弹的变化。

（一）马格努斯效应

在网球转动时，靠近网球表面的空气将随着球体转动，由于空气内的摩擦作用，较远的空气也被带动，形成网球周围的环流。当网球向前运动时，空气相对于球向后运动，如图2-27所示。因为网球右方环流与空气流动方向相反，因此合速度较小；同理左方的空气合速度较大。根据伯努利定律，流速大的地方压强小，流速小的地方压强大。因此网球受到一个向下的力，这种现象称为马格努斯效应。旋转的网球在空中运行，这种压强差会改变网球的运行轨迹。（图2-27）

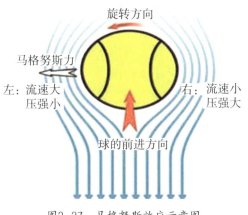

图2-27　马格努斯效应示意图

球落地反弹飞行轨迹见图2-28、图2-29。

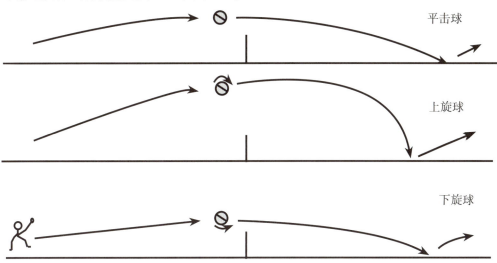

图 2-28　平击球、上旋球和下旋球的轨迹。上旋球飞行高度大，可以安全越过球网，过最高点后会迅速下坠，安全落在界内

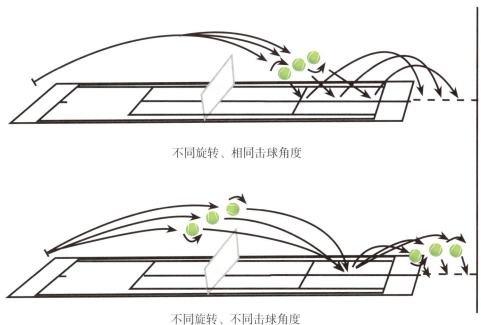

不同旋转、相同击球角度

不同旋转、不同击球角度

图2-29　上图表示相同击球角度、不同旋转时落地点的情况；下图表示落地点相同时，上旋球击球角度较大，下旋球击球角度较小。

（二）球与地面的作用

快速场地：草地球场，摩擦力小，球速快，弹跳低，留给运动员的反应时间短。慢速场地：红土球场，摩擦系数大，球减速快，弹起高，运动员更容易在后场"远程攻击"并充分发挥旋转球优势。中速球场：硬地球场（以水泥、沥青覆盖涂料或橡胶），球场性能居于快速、慢速场地之间。

球与地面的作用如图2-30、图2-31所示。

图2-30 上旋球与无旋转的球的反弹情况。上旋球落地后会比没有旋转的球弹得更"平"一些

图2-31 下旋球与无旋转的球的反弹情况。下旋球落地后会比没有旋转的球弹得更"高"一些

⭕ 思考题

1. 作用力与反作用力对网球击球技术的影响有哪些？

2. 在发球技术，影响下肢平衡稳定性的因素有哪些？

3. 在底线击球时，如何利用肌肉的弹性能？

4. 动量和动量矩的区别有哪些？如何利用它们指导运动实践？

5. 平击球、上旋球和下旋球的飞行轨迹有什么不同？并说明其原因。

第三章
底线击球技术

○ 本章概要

1.了解现代网球底线基本技术的主要发展趋势。

2.重点掌握各项基本技术的动作特征与技术要点。

3.学习底线击球技术的训练方法与组织形式。

正手击球技术教学

第一节 正手击球技术

正手击球已发展成为最重要的击球技术之一，在一场职业比赛中有70%左右的球员使用正手击球。与过去正手击球技术相比，现代正手击球技术最重要的特点是通过提高角动量和强烈的上旋来增加击球的穿透力。如今大部分的比赛都是在硬地上进行的，球的弹跳相对高，而现代正手击球正适合击腰部或腰部高度以上的球，因此能更好地处理此类高弹跳的球。现代正手击球技术在击球力量、旋转和击球点等方面不断地完善，表现极强的攻击性。特别是使用西方式或半西方式握拍，能使球员更易高点击球，击出力量更大且有控制性的强力的上旋球。

一、握拍法

网球拍的握柄有8个面和8个棱，球员可以通过两个关键位置来定位不同的握拍，一个是食指掌指关节，一个是掌根关节。现代网球除了常见的几种握拍例如经典的东方式握拍（即两个定位点在3/3）、半西方式握拍（即两个定位点在4/4）以及西方式握拍（即两个定位点在5/5）外，同时变化出了一些混合式的握拍方式。

握拍方式主要是由球员的击球高度决定的，如果球员希望在高点击球，那就更适合使用半西方式或西方式握拍。

手掌与球拍握柄的定位点示意图见图3-1。

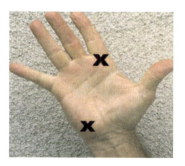

图3-1 手掌与球拍握柄的定位点示意图

（一）东方式握拍

使用东方式握拍（即两个定位点在3/3）击球时，并不能像半西方式握拍那样自然地使球产生上旋。球员需要有很强的手腕力量和更大幅度的绕环（球拍下降到球下更多）以便产生和半西方式握拍同样的上旋，所以东方式握拍更适合使用平击击球较多的球员。东方式握拍的主要缺点是很难处理弹跳很高的来球，由于球拍关闭的幅度较小，在处理高弹跳的来球时，球员需要很强的手腕力量以及对于击球时间的准确把握才能击出带有上旋的回球。（图3-2）

图3-2 东方式正手握拍

东方式正手握拍

（二）半西方式握拍

半西方式握拍（即两个定位点在4/4）更适合于经常打上旋球的球员。拍面相对于东方式握拍更加的关闭，使得球员很容易处理对手的高弹跳击球。使用这种握拍的球员通常在靠近底线的位置击球，击球的高度在腰与肩高之间。半西方式握拍击球更早，加快了回球的节奏，并能使旋转和平击更好地结合，从而使击球"更重"。缺点是当处理低球或削球时，如果球员的重心没有下降到足够低的话，回球就会变得很困难。（图3-3）

图3-3 半西方式握拍

半西方式握拍

（三）西方式握拍

西方式握拍（即两个定位点在5/5）的主要优势是能使球产生更多的上旋，使用这种握拍的球员通常希望能打出带有更多上旋的击球（特别是在击球点较高时）。善于红土球场与慢速硬地球场的球员通常倾向于这种握拍方式。但是，此种握拍在快速地上就很容易暴露出缺点，除了不利于处理低球外，也更难实现与其他握拍方式的快速转换。此外，从技术的角度来说，由于西方式握拍在击球前手腕大幅度滞后，这会给球员伸腕击球造成很大的困难。（图3-4）

西方式握拍

图3-4　西方式握拍

⭕ 握拍松紧

优秀球员击球时球拍通常握得很松，几乎是刚好能抓住而不让球拍脱手。检查一下自己的握拍，如果指尖发白就说明球拍握得太紧了。球拍握得太紧说明你的整个身体都处在紧张的状态，这会影响你挥拍的速度及整个动作的流畅性。

二、准备与站位

无论选择哪种方式的正手击球，球员都必须使用相适宜的站位方式，并且了解常用步法以及如何在场上快速移动。

（一）准备姿势

首先球员必须建立正确的准备姿势，屈膝、降低重心，并保持直立的背部姿势，充分分开双腿。球员准备姿势的身高应该比个人身高低30厘米左右，且在整个移动过程中都要保持这个高度。球员必须在对手触球时进行分腿垫步，分腿垫步双脚大概离地2.5～5厘米，重心落在前脚掌上准备向来球方向移动。（图3-5）

正手击球
准备姿势

图3-5　准备姿势

（二）移动

像费德勒一样优雅流畅的脚步移动是每一个优秀球员的追求。以下是网球比赛中常用的几种步法。

- 交叉步可以让你横向移动更加流畅，迅速地向来球移动或者回位。
- 后交叉步用于向侧后方移动及回位。
- 侧滑步适合近距离的移动。
- 小碎步用于对击球点的精确调整。

步法启动　　　　　侧滑步　　　　侧前向后步快速移动　　　小碎步

○启动

面对大角度来球，回撤步是启动的最快方式，右脚收回到躯干的正下方，重心从外侧脚转移到要移动的方向上。如果是只需要移动三四步则不必使用这种步法，只在启动时把重心转移到外侧脚即可。启动时前2~5步要短小有力，前脚掌着地，以产生最快的加速度。

（三）站位

站位通常会影响球员击球的方式，正手击球常使用三种站位方式，分别是开放式站位、半开放式站位和关闭式站位。球员需要根据击球时的不同需要选择适合的站位方式。

1. 开放式站位

所有的正手击球都可以使用开放式站位，开放式站位能使球员接到更多的来球，并且使击球更具有攻击性。这种站位能在击球时为手臂提供充分伸展空间，使得整个挥拍更加流畅，特别是当来球弹跳很高时。开放式站位的缺点是球员在击球区获得的动量较少，这是因为开放式站位只能通过身体小幅度转动产生的有限角动量，与其他能很好地结合线动量和角动量的站位相比，产生的动量较少。（图3-6）

2. 半开放式站位

半开放式站位与开放式站位一样，重心在后腿，不同的是开放式站位的前腿的位置更靠前。球员在场上的任何位置击球都可以使用这种站位方式，最为典型的是在正手侧身攻时使用这种站位，这种站位方式可结合开放式和关闭式站位的优点，有助于球员击球时能更好地结合线动量和角动量。（图3-7）

3. 关闭式站位

关闭式站位球员的重心在后腿，前腿在后腿的正前方，肩与髋侧对球网。此站位的使用主要取决于球员的个人习惯以及球员能多快地移动至击球位置，如果球员能及时到位，关闭式站位将发挥很大的击球威力。另外，当球员向前移动击球时也经常使用这种站位。（图3-8）

正手击球开放式站位　　　　正手击球半开放式站位　　　　正手击球中间式站位

图3-6　开放式站位　　　图3-7　半开放式站位　　　图3-8　关闭式站位

三、正手半西方式握拍击球技术要点

为了便于对技术动作的进一步分析，将正手击球技术动作分解为引拍与后摆、前挥与击球、随挥三个阶段。以下是各阶段的技术要点。

正手半西方式握拍击球

（一）引拍与后摆阶段

● 同侧脚开始向来球方向移动的同时，球拍随着身体自然地移动。

● 开始后摆的同时屈膝，后脚为转动的支点。

● 左手扶在拍颈上帮助转肩（整体转动）。

● 前挥之前拍头高于肘部（完全转动）。

● 球拍在后摆的过程中是打开的。

引拍与后摆动作见图3-9。

图3-9　引拍与后摆

⊙ 整体转动—完全转动

引拍动作分为两个部分，第一个部分是整体转体，即判断来球后第一个动作是整体转体，这时躯干和外侧脚步同时开始向要移动的方向转动，而球拍在这时只是随着身体自然移动。这时身体的转动幅度与球网大约成45度。有些球员在这时会有一些个性化动作，例如肘关节先移动的动作，这些都是次要的。这时双手保持在一起，非持拍手握住拍颈位置直到开始完全转动。

第二部分是完全转体。完全转体是整体转体的延续，而在这两个关键点之间的移动基本上是没有停顿的。这时肩关节与球网的夹角略微超过90度；头部转动，眼睛追踪来球，下颌碰到前肩。非持拍手与球拍分离后交叉于体侧与底线平行。持拍手的高度在肩高或以上；通常当对方的球落地时完成完全转体动作。如果将整体转动和完全转体这两个部分合并成一个部分来教学，则很容易出现转体晚的问题。

（二）前挥与击球阶段

● 随着膝关节伸直，右髋上提并且开始转动。

● 接着转髋，转躯干。膝关节、髋和躯干的运动加快，增加右肩的速度。

● 为了击球的稳定性，右肘稍靠近身体。

● 前挥开始时，拍子低于球。腿、髋、躯干和肩的向上运动，协助使挥拍的轨迹由低到高。

● 在触球前一瞬间挥拍由低到高的幅度迅速增加。

● 前挥的最后阶段伴随着上臂的向内旋转和手腕的屈曲。

● 由于握拍的原因，前挥的整个过程中拍面略微关闭。

前挥与击球动作见图3-10。

图3-10　前挥与击球

○ 击球臂vs非持拍臂

后摆结束，准备开始前挥时，击球臂的位置非常重要。这时拍头略微低于来球，手腕弯曲肘关节弯曲，拍子底部指向来球。这个动作一方面运用了超越器械原理；另一方面，这时拍头位置的正确与否关系到击球产生上旋程度、力量以及稳定性。

非持拍臂的运用对于提高正手击球的速度以及保持击球的稳定性和准确性至关重要，在场上大范围跑动时非持拍臂能作为反向平衡，使球员双肩在击球过程中保持水平。另外在向前挥拍时非持拍臂的横扫动作可以为击球拉开胸部肌肉，使球员在转肩过程中产生额外的力量。

触球时刻主要特征有以下几点。（图3-11）

- 击球时，髋、躯干和肩向前转动到与球网平行。
- 最佳击球点在腰部到肩部之间。
- 触球时拍面基本垂直于地面，手腕处于超伸状态。
- 两腿呈开放式站位。
- 头部保持稳定，双眼注视击球区。

图3-11 触球时刻动作

（三）随挥阶段

- 触球后，随挥由低到高的轨迹倾斜幅度更大。
- 右臂继续向内旋转，上臂运动到与地面平行。
- 根据击球的目的不同，随挥的结束状态有很多种。
- 髋、躯干和肩的运动减速，右脚向前跟进一步。

随挥动作见图3-12。

图3-12　随挥

⃝ 不同的随挥形式

根据握拍方式、战术意图以及回球线路的不同，现代网球出现了新的随挥方式：以纳达尔为代表，击球点较为靠后，球拍在击球后直接向上在身体的同侧结束，这样的随挥方式有利于向球施加更多的旋转。

但随挥动作不管最终结束位置在什么地方，每一个球员在随挥时都要到达一个共同的位置，此时上臂与地面平行，前臂与地面成30~40度夹角，持拍手在眼睛左右的高度，此时持拍手在身体的左侧（以左手持拍球员为例）。

四、正手西方式握拍击球技术要点

大体上说，半西方式握拍的击球方式也可应用到西方式握拍中。握拍法是影响击球效果的最主要因素。与半西方式握拍相比，西方式握拍击球有以下不同点。

- 手腕的位置更靠后。
- 后摆结束时，球拍的转动角距离击球点更远。
- 从后摆到前挥的整个过程中拍面角度更关闭。

这些不同点与正手西方式握拍击球的以下显著特点有关。

- 更多地采用开放式站位。
- 由低到高的前挥轨迹走势更陡。（图3-13）
- 与半西方式握拍相比，西方式握拍击球点更高、更靠前。
- 随挥结束时上臂没有半西方式握拍那么高。
- 随挥结束时，球拍挥至身体对侧。

图3-13

正手西方式握拍击球

○ 强力上旋

擅长红土场的球员大多数能打出强力的正手上旋球，这种击球方式需要配合使用西方式握拍与开放式或半开放式站位。有效的上旋击球落地后反弹速度更快，弹跳更高，减少了对手准备回球的时间，而且这种击球有很高的容错率，球过网幅度更高，过网后下落速度更快。

第二节 反手击球技术

如今球员可以应用反手技术进行进攻、防守或者变换击球的节奏，这使得比赛水平上升到更高的层级。球员的反手击球形式可以分为两种，一种为单手反拍击球技术，另一种为双手反拍击球技术。在20世纪70年代，大多数球员使用优雅的经典式单手反拍击球技术，随着一代善于使用双手反拍球员的崛起，越来越多的球员都倾向于用更有力和更容易控制的双手反拍。由于这两种技术的击球和发力的方式各不相同，没有球员会同时学习这两种技术。要么选择坚实有力的双手反拍，要么选择灵活多变、控制范围更大的单手反拍。

一、握拍法

与正手击球一样，反手击球技术特征与握拍方式密切相关。单手与双手反拍各有两种主要的握拍方式，其中也包含了反手切削技术的握拍方式。

（一）双手反拍握拍

对于双手反拍握拍，应特别关注两臂之间的相互配合，通常两臂会有其中之一成为主导臂，主导臂的主要作用是提高向前挥拍时球拍的速度。以右手持拍为例，大多数球员都会让左臂成为主导手，而右臂的主要作用是保持稳定及协助控制击球的方向。

1. 双手东方式握拍

双手东方式握拍，以右手持拍为例：右手握拍为东方式正手握拍（即两个定位点在3/3），而左手为东方式反手握拍（即两个定位点在7/7）。两手应靠拢，中间的空隙应不超过一个手指。此握拍方式有助于击球发力，同时带有上旋，大多数底线进攻型打法的球员会选择此种握拍。（图3-14）

双手东方式握拍

图3-14 双手东方式握拍

2. 上手东方式正手握拍，下手大陆式握拍

上手东方式正手握拍，下手大陆式握拍，以右手持拍为例：右手握拍为大陆式握拍（即

两个定位点在2/2），左手为东方式正手握拍（即两个定位点在3/3）。两手应靠拢，中间的空隙应不超过一个手指。此握拍方式更利于球员打出平击球，但不利于对球施加上旋，除非球员有强劲的手腕力量。（图3-15）

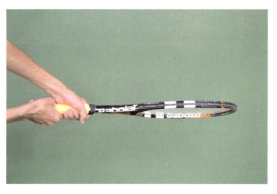

上手东方式正手握拍，下手大陆式握拍

图3-15　上手东方式正手握拍，下手大陆式握拍

（二）单手反手握拍

单手反拍也主要有两种握拍方式：一种是东方式反手握拍，另一种是半西方式反手握拍。大多数球员会选用东方式反手握拍，例如费德勒。但半西方式反手握拍也有它的特点与优势。

1. 东方式反手握拍

东方式反手握拍（即两个定位点在7/7）。如果球员能在击球时有效地利用手腕及拍头向上的加速度，此握拍就能很好地释放力量和施加上旋。这种握拍方式可以很容易地打出平击球，也可以利用手腕来调节击球的上旋程度。同时，从这种握拍切换到反手切削的握拍方式也很快捷。所以，这种握拍方式通常更适合攻击性较强的底线进攻型球员使用。（图3-16）

东方式反手握拍

图3-16　东方式反手握拍

2. 半西方式反手握拍

半西方式反手握拍（即两个定位点在6/6）。此握拍有利于向球施加上旋，并能更好地处理上升期至胸部高度的来球。此握拍方式的击球点相对更早，手臂可以更充分地向前伸展，但不利于切换至其他的握拍方式。通常防守型球员大多选择这种握拍方式。（图3-17）

半西方式反手握拍

图3-17　半西方式反手握拍

（三）反手切削握拍

反手切削球的主要特点是保持球击出后的飞行轨迹低而平。反手切削的常用握拍方式是大陆式握拍和东方式正手握拍，这两种握拍方式更利于向球施加下旋。

1. 大陆式握拍

使用大陆式握拍削球，在向球施加下旋时，由于拍面的打开幅度较小，手腕有明显的向前下切的路线轨迹，因此需要手腕有良好的灵活性。（图3-18）

大陆式握拍

图3-18　大陆式握拍

2. 东方式正手握拍

与大陆式握拍相比，东方式正手握拍可以向球施加更多的下旋，使得球的飞行轨迹更低，由于拍面打开幅度较大，手腕也不需要有太多向下切的动作。缺点是此握拍法击球产生

的下旋过多，不易于把球控制到对手的深区。（图3-19）

图3-19　东方式正手握拍

双手反拍击球技术教学

二、准备姿势、步法及站位

（一）准备姿势

反手击球准备姿势的要点与正手击球相同，这里就不再重复。需要注意的是，由于正反手击球的握拍方式不同，所以在反手击球前需要首先进行握拍的转换。建议在两次击球之间，用另一只手握在拍颈，这样既可以减轻持拍手的负担，也方便完成切换握拍的动作，而且此时辅助手可以感知拍面的大概朝向。

（二）步法

反手击球的步法与正手击球相似，当距离来球较近时先迈出同侧脚，与来球成一条直线。当需要大范围跑动时回撤步是快速启动的基础，使用回撤步的前提是准备姿势时两脚要分得更开。

（三）站位

与正手击球相同，反手击球也主要有三种站位方式，开放式、半开放式和关闭式。站位方式的选择需要根据场上的具体情况而定。（图3-20）

开放式站位　　　　　　　　关闭式站位

图3-20　反手击球站位

　　反手击球球员会经常采用开放式和关闭式两种站位。随着比赛节奏的加快，越来越多的球员选择开放式站位。开放式站位通常用于双手反拍击球，但偶尔也用于单手反拍击球，特别是在接发球这种反应时间很短的情况下，或者是应对对手的大角度来球。

◯ 关闭式站位

　　对于正手与双手反拍击球来说，已经很少有球员使用关闭式站位，这是因为这样站位容易造成力量与平衡的损失，也限制击球线路的选择。但单手反拍球员却普遍选择关闭式站位，而且非常有效，这是由于单手反拍不用依靠身体的大范围转动来产生力量。

三、双手反拍击球技术要点

双手反拍击球

几乎所有人都认为双手反拍击球是相对简单的技术，它就好像是右利手的球员用左手击正手球一样。同时，由于双手反拍击球的结束动作看起来都非常相似，让人误认为双手反拍的技术动作都是一样的。但是通过观看职业男女球员的高速录像我们会发现，双手反拍击球并不只有一种方式，而是有四种方式。这主要表现在击球时两个击球臂和手的位置状态不同，位置的不同导致了两个手臂的协同工作方式也就不同。这四种方式是：双臂伸直、双臂弯曲、双臂微屈、前臂弯曲后臂伸直。

现代男子职业球员主要使用的方式是前臂弯曲、后臂伸直。女子职业球员多用的是双臂都弯曲的击球方式。当然这不是说一个球员只会使用一种方式的双手反拍击球动作，球员会根据不同的球做一些细微的调整。四种双手反拍击球方式与所采用的握拍方式密切相关。有趣的是，职业球员中的一些人使用相同的握拍方式，但是却在使用不同的击球方式进行击球。以右手持拍为例：右手握拍绝大部分球员是东方式握拍或大陆式握拍（即两个定位点在3/3和2/2）。因为如果右手握拍再向1/1靠近时右手就会成为主导手，这时握拍已经接近单手反拍的东方式握拍方式。左手的握拍方式较为稳定，绝大多数左手的握拍在7/7面左右。

● **双臂伸直。** 在击球前、击球时、击球后两个手臂都保持伸直，例如纳达尔。在四种变化中这种击球方式前臂在击球过程中发挥作用是最大的一种。如果我们仔细看，可以看出纳达尔的这个动作很像是单手反手击球动作，因为单手反拍球员在击球点时手臂是完全伸直的。

他的右手握拍为大陆式握拍（2/2），左手使用东方式正手握拍（7/7），通过击球点我们可以看出这时的手腕动作和单手反拍的手腕动作极其相似。这种握拍方式的缺点是较难处理高球。或许这也是为什么这种方式现在职业网坛使用这种握拍方式人数不多的一个原因吧。击球时的前肩略高于后肩，尤其是低球，这更证明了他的右臂是发力的主导臂。（图3-21）

图3-21　双臂伸直

● **双臂微屈**。双臂微屈是在击球时两臂都有所弯曲但是弯曲的程度不大，例如基里连科。这种方式目前职业网坛使用的人数也不多。这种方式通常在击球时双肩保持平衡，两肩在同一个高度上。击球时的手腕动作与两臂完全伸直相似，但要弱一点，因此这种方式前臂的作用依然很大。（图3-22）

图3-22　双臂微屈

● **前臂弯曲、后臂伸直**。这种方式是现在绝大多数男子职业球员所采用的方式。有一些球员虽然在后挥过程中使用的是两臂伸直的方式，但是在击球时却会转换成前臂弯曲、后臂伸直的方式，例如穆雷。这时前臂的握拍方式通常在2/2和1/1之间，这种方式的击球点略微靠近身体，同时击球点也略微靠前。这种方式在击球时后肩要略高于前肩，这说明后臂是发力的主导臂。（图3-23）

图3-23　前臂弯曲后臂伸直

● **双臂弯曲**。这种方式在击球前后两臂都是弯曲的，例如莎拉波娃。这种方式在现代女子职业网坛占主导地位，在击球时左手与正手击球很相似，肘关节弯曲，手腕弯曲，为接下来的发力击球做好准备，因此这时的主导臂是后臂。（图3-24）

图3-24　双臂弯曲

通过上面描述我们知道了有四种不同方式的双手反拍击球，那么应该如何选择呢？你侧向球网站好，同时完成后引拍动作，这时让教练员给你送十来个球，你分别用单手反拍（右手）和左手正拍进行击球练习，通过练习感觉你到底哪一只手具有更好的控制以及发力，如果是右手（前臂），那么你的动作就可以向纳达尔的动作靠近，如果是左手（后臂），那么就应该向前臂弯曲后臂伸直或者是双臂弯曲的动作靠近。

（一）引拍与后摆阶段

● 始于屈膝、屈髋，以后脚为中心转动。

● 球拍的后摆与转肩与后脚的转动同步。

● 身体侧向对网大约成45度角，球拍随着身体的转动而移动。

● 当进入完全转体位置时前肩和球网的夹角在90度左右，球拍的位置远离身体，持拍手大约在腰部与肩部中间位置。

引拍的后摆动作见图3-25。

图3-25　引拍与后摆

○ 直线后摆

所有职业球员在后摆过程中持拍手几乎是从整体转动后的位置直线向后（或由于充分转体略微向上）继续移动球拍到完全转体位置。由于整个过程速度太快，同时由于不同阶段拍头的位置不同，我们错误地认为大部分球员在后摆过程中采用的是"U"形后挥。从整体来讲，反手的后摆过程中的持拍手位置相对于正手持拍手的位置要低很多。

  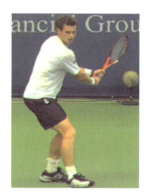

（二）前挥与击球阶段

● 腿部开始伸直，右髋打开，接着转体。

● 躯干和肩朝平行于球网的方向转动大概2/3的角度到击球点。

● 前挥开始前，拍子要低于球。

● 通过腿、髋、躯干和肩的向上运动协助，使挥拍的轨迹由低到高。

● 击球前瞬间由低到高地急速增加挥拍。

● 击球时左臂上臂旋内，左腕屈曲。

● 一般来说，由于各种因素如击球点高度和战术需要（穿越球、上旋挑高球），手臂的运动都有所不同。

前挥与击球动作见图3-26。

图3-26 前挥与击球

○ 拍头下垂

我们经常可以看到职业球员在击球前手臂和手有一个向后转动的动作，同时球拍也随之向后移动拍头下垂。这个动作的主要作用是在击球时增加手臂和手的回转幅度以提高拍头速度，从而达到增加击球速度和旋转的作用。

触球时刻主要特征有以下几点。

● 拍面垂直于地面，由于握拍原因，左腕在拍柄的后面（弯曲）。

● 双手反拍击上旋击球点比单手反拍上旋击球点靠后。

● 双手反拍上旋和单手反拍上旋击球点大约在与身体平齐的前方。

● 击球过程中头部保持稳定，双眼注视击球区，一般在实际击球点前。（图3-27）

图3-27　击球时身体与拍面

（三）随挥阶段

● 触球还在继续的随挥前段，由低到高的挥拍轨迹更倾斜。

● 随着左臂向内旋转，上臂运动到与地面平行。

● 击球结束后，两手和拍子通常高于右肩。

● 髋、躯干和肩的运动减速，左腿向前跟进一步与右腿基本平齐。

随挥动作见图3-28。

图3-28　随挥阶段

四、单手反拍击球技术要点

（一）引拍与后摆阶段

● 准备动作始于屈膝、屈髋，以后脚为中心转动。

● 向后拉拍的过程和转肩与以前脚为中心转动作为一个"转动单元"同步进行。

● 完成后摆时躯干是直立的，相对于垂直球网方向的转动而言，肩部转动的角度超过90度（球员通过右肩看着来球的方向）。转体和转肩的幅度比正手击球幅度更大。

● 肘关节伸展，手处于肩部高度，右臂与身体处在一个很舒适的距离。

引拍与后摆动作见图3-29。

图3-29　引拍与后摆

单手反拍击球技术教学

单手反拍击球

○ 后摆幅度

单手反拍的引拍球拍后摆转动幅度明显大于双手反拍，通常东方式单手反拍引拍时，球拍后摆转动至与场后围栏成45度的位置；如果是半西方式握拍，球拍将后摆转动至与场后围栏平行的位置，这是为了增加球拍的前挥距离，从而获得更快的拍头速度；而双手反拍击球则是通过简短的后摆，减少转动惯量来增加躯干的转动速度，提高拍头速度。

（二）前挥与击球阶段

● 为保证拍头低于击球点，膝关节保持弯曲。

● 膝关节伸直，接着髋关节打开。

● 膝关节、髋和躯干的运动加速，加快右肩的运动。

● 躯干和肩朝平行于球网的方向转动大概2/3的角度到击球点。

● 前挥的初始阶段，球拍要比球低。

● 对于高水平球员来说，伸肘可以提高拍头速度。

● 通过腿、髋、躯干和肩的向上运动协助，使挥拍的轨迹由低到高。

● 击球前瞬间由低到高的挥拍幅度大约提高一倍。

前挥击球动作见图3-30。

图3-30　前挥击球

○ 手腕固定

对于单手反拍击球来说，手腕的位置至关重要，手腕与前臂应该形成一个"L"形，并在整个击球过程中保持稳定，这将有助于在击球过程中获得更快的球拍速度。

触球时刻主要特征有以下几点。

● 拍面垂直于地面。

● 击球点在右肩前面，与击直线球相比，击斜线球击球点更靠前。

● 击球过程头部保持稳定，双眼注视击球区，一般在实际击球点前。（图3-31）

图3-31　击球时身体与拍面

（三）随挥阶段

● 触球后由低到高的挥拍轨迹更倾斜。

● 最初，球拍在击球手的左侧（右手持拍球员）。

● 随挥结束时球拍在身体的前方，通常在头部或头部高度以上。

● 髋、躯干和肩的运动减速，左腿向前跟进一步与右腿平行。

随挥动作见图3-32。

图3-32　随挥

○ 单手反拍击球与双手反拍击球的主要区别——发力方式

　　单手反拍击球与双手反拍击球最大的区别在于发力的方式，双手反拍击球最大的力量来源在于躯干的转动，而单手反拍击球的主要力量来源于胸部肌肉扩展，躯干转动的幅度很小，击球后右臂前挥，左臂后展，以便帮助控制躯干的位置，避免过多的转动。

五、单手反拍切削技术要点

（一）引拍与后摆阶段

●　准备开始于屈膝、屈髋。但击高点球（肩部高度以上）时，通常不需要屈膝、屈髋。

●　以后脚为中心转动。

●　使用关闭式的站位。

●　球拍后摆与转肩同步，左手持住拍颈，帮助进一步转肩。

●　在球到来前，提前侧身，并将身体重心移到前脚上。

●　完成后摆时躯干是直立的，肩部转动的角度超过90度（球员通过右肩看着来球）。球拍在肩部高度以上，持拍的手臂弯曲。

　　引拍与后摆动作见图3-33。

图3-33　引拍与后摆

反手削球技术教学

单手反拍切削击球

肘部位置

切削时如果击球肘离自己的身体太近则无法挥拍，导致切削失败。因此，必须将手肘与自己的身体保持在一个舒适的距离。与单手反拍上旋击球一样，肘关节没有完全直而是保持稳定（肘关节角度保持在170度左右不变）。如果完全伸直肘部则容易对肘部造成损伤。

（二）前挥与击球

● 前挥阶段开始于右腿向来球的斜前方迈一步，形成关闭式或接近半开放式的站位。对于高点球（肩部高度），一般采用半开放式到开放式的站位。

● 击低点球（腰部和腰部以下）时膝关节保持弯曲。为了能够形成由上到下的挥拍，击高点球时，膝关节相对伸展。

● 击低点球时，躯干和肩的转动幅度大于击高点球时的转动幅度。

● 前挥的开始阶段，球拍的高度比肩高，也比球高。

● 前挥的轨迹由高到低。与击肩部高度的球相比，击腰部高度的球时，挥拍的轨迹更向下。

● 与右臂（击球臂）的运动方向相反，左臂向身体的后上方运动。

● 削高点球时，上臂向前（向外）运动，前臂向内旋转（旋后）；削低点球时，这些动作的幅度相对来说要小些，手臂的这些运动是切削高点球和低点球的主要不同点。

前挥击球动作见图3-34。

图3-34　前挥与击球

○ 球拍轨迹与拍面角度

击球时拍面打开的角度应该与由高到低的挥拍轨迹相一致。主要注意的是，来球较低时，由高到低的挥拍轨迹更倾斜，拍面打开的角度应该更大。相反地，来球较高时，由高到低的挥拍轨迹更平缓，这时的拍面应该更垂直于地面。

触球时的主要特点有以下几点。（图3-35）

● 触球时拍面角度稍微打开（低点球，10度左右；高点球，5度左右）。

● 在右肩的前面击球，与反手击上旋球相比，击球点相对更靠近身体。

● 由高到低击球时，右臂与身体保持一个舒适的距离。

● 身体保持稳定并向前倾斜（与击高点球相比，击低点球身体向前倾的角度更大）。

● 击球过程中头部保持稳定，双眼注视击球区。

图3-35　击球时身体与拍面

（三）随挥阶段

● 随挥的前段，肩部的直线运动仍在继续。

● 随挥的前段，由高到低的挥拍轨迹还在继续。击高点球和击低点球时球拍的轨迹相似。与前挥相比，相对来说球拍降低的幅度更大。

● 右臂继续向前挥动。完成随挥时，右臂和球拍大概处在肩部的高度。

● 双脚仍然保持前挥时的站位。

随挥动作见图3-36。

图3-36　随挥

底线单反切削组合

单反切削放小球

第三节　底线击球技术训练方法

一、力量、连续性、瞬时决策能力

（1）球员打强烈的上旋球过网上1.5米的绳子。

（2）球员练习少一点旋转，多一点速度，球从绳子下面过网。

（3）球员互相给对方压力，用速度或是上旋高球扰乱对手的节奏。

（4）改变深度和/或节奏和高度来迫使对方出浅等。

（5）利用标志物来打深球或浅球。例如：过绳子高度的上旋球，从绳子下面穿过的小斜线上旋球（注意每次击球之间的回位）。

（6）球员试图把对手调出场地外或是迫使对手回位过慢时用直线球结束这一分。（图3-37、图3-38）

训练目标

（1）对不同高度、旋转和节奏的球进行控制，并且给球员更多的选择。

（2）训练球员瞬时决策能力。我怎样才能把对手调出场地外？我该什么时候用直线球结束这一分？

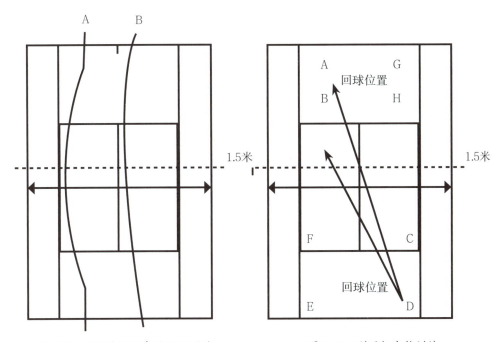

图3-37　利用球网加高的绳子训练　　　　图3-38　利用标志物训练

二、穿越球

1. 训练合理的和有难度的特定穿越球

穿越练习

（1）热身—正手斜线对拉—反手斜线对拉（目的是避开网前球员），接着是正手斜线挑高球—反手直线—正手直线（打深并且有力量）—反手斜线挑高球，既有进攻性的也有防守性的。

（2）网前球员和穿越球员就位，试图穿越或是准备好下一个球的穿越。（图3-39至图3-41）

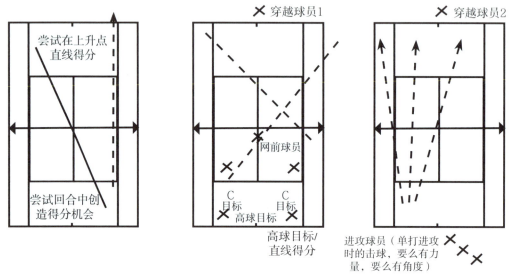

图3-39　多回合球训练　　　　图3-40　挑高球训练　　　　图3-41　穿越球训练

2. 模仿比赛喂球，训练随机穿越球

一名球员从底线处喂球给试图回击穿越球的另一名球员，然后迅速来到网前。

喂球时需要注意：

模仿比赛环境。例如，攻击性的正手、反手切削等。

喂落地球，目的是能给穿越者做垫步的机会从而向球移动。

三、最大限度地移动——底线跑动

1. 移动中正手击球

描述：

球员在底线后二区站成一队。

教练员喂每人连续三个球，要求全部使用正手回球。

第一个球在二区单打边线处。

第二个球在场地中间。

第三个球在一区单打边线处。

轮转：

球员在底线处一个一个地击球。

打完第三个球后回到等待队伍中（接着用此方法训练反手）。（图3-42）

2. 移动中反手击球

描述：

球员在底线后一区站成一队。

教练给每人喂四个连续的球。

第一个球—正手，一区。

第二个球—反手，中场。

第三个球—正手，中场。

第四个球—反手，前场。

要求所有球都打直线。

轮转：

第四个喂球打完后球员回到等待队伍中。（图3-43）

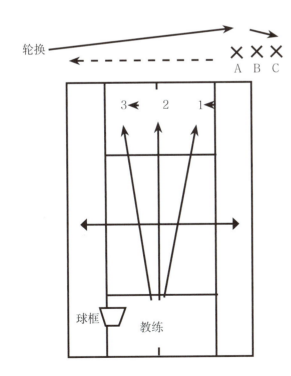

图3-42　移动中正手击球训练

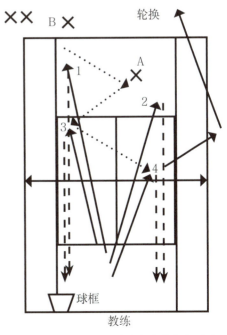

图3-43　移动中反手击球训练

四、最大限度移动——底线跑动（变化）

目的：

训练球员的快速移动能力。

描述：

教练轮流给A和B喂球（1、2、3、4，每次两个球），接着喂两个浅球（第五个喂球给A，第六个喂球给B）要求球员打直线随球上网。

球员在底线中点处站成两队。球员A跑到一区击正手球。球员B跑到二区击反手球。每次击球后，球员A、B均回到起始位置。

击完浅球以后，球员回到另外一队中等待。（图3-44）

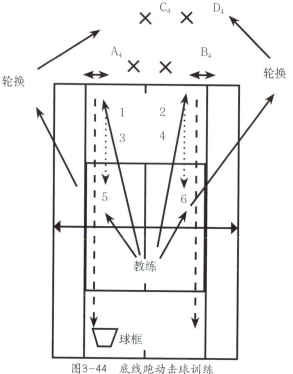

图3-44 底线跑动击球训练

五、相持、防守和进攻性训练

目的：

训练多种相持、防守和进攻性击球（黄球、红球和绿球）。

描述：

教练为球员A喂8个球。两个舒适的球—黄球；两个高弹跳球—黄球；两个快速球—红球；两个浅的简单的球—绿球。球员A注意击球控制，把第一个球打向球员D。之后这一分就进入比赛竞争阶段。（图3-45）

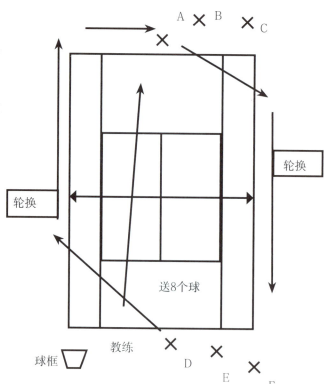

图3-45 相持、防守和进攻性训练

六、小斜线

目的：

训练把对手调出场地。

描述：

教练给球员A喂6个球。交替喂一区的外角球和二区的外角球。球员A练习小斜线击球，把对面的球员D调出场地。球员每打6个球后按顺时针方向轮转。（图3-46）

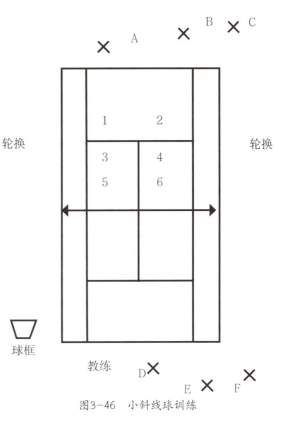

图3-46 小斜线球训练

底线练习

○ 思考题

1. 如何选用正确的站位方式？为什么要使用半西方式站位？

2. 底线击球的力量来源于哪里？

3. 单手反拍与双手反拍的特点主要体现在哪些方面？

4. 反拍切削球的球拍轨迹有什么特点？

第四章
发球、接发球技术

○ 本章概要

1.了解高水平球员发球和接发球技术特征。
2.重点掌握三种不同类型发球的技术要点。
3.学习发球与接发球技术的训练方法与组织形式。

发球技术教学

第一节　发球技术

网球比赛从发球开始，所以发球被视为最为重要的一项技术。发球是"关闭式"技能，除外环境因素（例如风、太阳）的影响外，可以完全由球员掌控。这意味着足够训练加上专注于发球技术的核心要素，能有效地提高球员的发球技术。

发球已经发展成为进攻的核心武器，很多战术都是围绕着发球技术展开的。球员利用发球可以直接得分或者在发球局占据主动，一个高质量的发球必须保持稳定的平衡、良好的节奏和准确稳定的抛球。

一、握拍

大多数球员发球时所使用的握拍方式，是在东方式单手反手握拍和大陆式握拍之间，即掌根关节在第一个面上，食指掌指关节在第二个面上。这种握拍方式的优势是能最大限度地屈腕（扣腕）。

初学者可以使用大陆式握拍方式（2/2）进行发球练习，在熟练之后向反手位方向转动。

发球握拍手掌与球拍握柄的定位点示意图见图4-1。

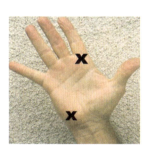

图4-1　手掌与球拍握柄的定位点示意图

二、准备姿势

- 关闭式站位，两脚自然分开站立。
- 后脚站位在前脚的左侧并与底线平行。
- 球拍与球置于身体前适宜距离，两臂放松。
- 抛球手持球靠近球拍的拍颈位置。
- 发球前固定程序后（如拍球）短暂暂停，以便肌肉放松和注意力的集中。（图4-2）

注意：在准备时有一个身体重心从前向后的转移过程。每一名球员在这个阶段都略有不同。重点是重心在两脚之间并准备开始后摆时的动作。

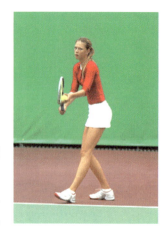

图4-2　准备姿势

⊙ 一区站位与二区站位

前脚脚尖与底线夹角约为30度～40度，在一区的站位角度大于在二区的站位角度。身体保持正直。一区的站位身体要更打开一点，主要是帮助在击球时身体回转，以便有效发出外角球。二区的站位身体更关闭一点，这样发球前身体转动幅度要大一点，也更有利于发出外角球。

一区站位

二区站位

三、平击发球技术要点

平击发球是所有类型的发球中力量最大的一种，球员通常使用这种发球作为第一发球。平击发球很少有旋转。直接发向中路的平击发球会是非常好的一个选择，由于速度非常快，对手很难做出及时的反应。

平击发球

（一）后摆与抛球阶段

● 后摆开始时，双臂朝前脚位置同时向下。

● 重心开始前移的同时，两手分开上举。左臂在身前上举抛球，右臂在身后上举。

● 双臂上举时可以在时间上"错开"，右臂"跟随"左臂上举，也可以是两臂同时上举。

● 左臂向上向前移动与身体交错，以便增加躯干的转动幅度。

后摆和抛球动作见图4-3。

图4-3　后摆与抛球

球员应该认识到抛球是发球整个后摆的一个组成部分，提高抛球的准确性和稳定性非常重要。出手的高度在眼睛左右的高度，抛球手是用掌指关节持球，球是从整个手掌中自然松开抛出的，而不是用两三个手指持球进行抛球，这样就保证了抛球的稳定性。球员抛出的球都会有一个弧线从右向左进入击球点（以右手为例），从球离手到进入击球点，球飞行的这个弧线的水平距离大约在60厘米。（图4-4）

图4-4　上举抛球

后摆方式

近年来简短的发球后摆方式开始盛行，这是因为像罗迪克这样的球员使用这种后摆方式能发出威力巨大的球。使用简短发球后摆的球员减少了手臂的移动距离，通常发球的节奏更快，适用于发球过程中身体某部分的力量有所损失或发球后摆动作不够流畅的球员。

- 球抛出手后左臂继续向前向上移动，在左臂向前向上移动过程中开始屈膝。
- 对于上步发球技术，后脚在屈膝前即刻滑动至紧跟前脚的位置。对于不上步发球技术，双脚在屈膝时通常维持原站位。

当球抛出后左臂继续向前向上移动，左臂维持上举姿势对于向上挥拍前保持屈膝位的平衡非常重要。上挥前即刻是发球技术的核心。这个位置的特征包括以下几点。（图4-5）

- 屈膝，髋的转动幅度超过与球网的垂直线。
- 两肩的转动幅度超过髋部。
- 背部伸展（躯干向后倾斜）。
- 拉开及弯曲身体的整个前侧。
- 双臂、双肩与击球点连成一条直线。
- 两肩倾斜左肩位置高于右肩。
- 左臂完全伸展。
- 一般情况下，抛球的高度应在球拍最高点之上（球员完全伸展后），略微在身体前与前脚成一条直线。

图4-5 上挥发球前身体动作

不上步与上步

不上步发球是发球整个动作中后脚不上前，而是保持在同一个位置的发球。这种发球技术能够更好运用身体的角动量（转动力量），而且更容易掌握击球的时机。上步发球的起始动作与不上步发球一样，但在球抛出后，后脚在屈膝前即刻滑动至紧跟前脚的位置。这种发球会有更多向上的动量，能帮助球员达到更高的击球高度。

不上步发球

上步发球

不上步发球

上步发球

（二）上挥与击球阶段

● 开始上挥时伸膝。右肩上升的同时伸膝，促进球拍在身后进一步下垂。

● 伸膝后开始转髋。

● 转髋后躯干开始向前、向上转动。右肩前移的同时躯干向前转动，迫使球拍进一步离开背部。

● 与向前转动相同，躯干和肩也以"换肩"的形式转动。

● 随着双腿完全伸展，右臂在肩部开始旋外。

● 由于躯干和肩以"换肩"的方式转动，右肩位置高于左肩。相应的，左臂低于发力位置。

● 上臂（肘与肩之间）向上、向前移动并在肩部旋内。

● 球拍侧向与球正对，以便减少球拍上挥时产生的阻力，在击球时更利于前臂的旋内动作。

● 伸肘（直臂），前臂向击球点旋后（旋外）。

● 屈腕（弯曲）发生在击球前即刻。

上挥和击球动作见图4-6。

图4-6 上挥与击球

○ 超越器械

身体的蹬转加速导致身体躯干的加速要早于身体远端手臂和球拍的加速，从而形成整个身体"超越器械"，动作中肩关节的肌肉充分拉伸为接下来的发力击球储存大量的弹性能。拍头绝大部分的速度来自拍头完全下垂位置到击球点这一段距离的加速，也就是肩关节的转动、肘关节的伸直以及前臂和手腕的旋内动作。

击球点

个人的发球风格和发球的类型（平击、侧旋、上旋）都会对击球点产生影响，以下是大力发球击球时特征。（图4-7、图4-8）

● 上挥时，腿部的伸展使得双脚离地。

● 躯干和两肩向前转动并完成"换肩"动作。

● 右臂的肘部充分伸展（伸直）。

● 拍面角度垂直于地面，球拍位于与地面垂直连线的左侧。

● 左臂下移，在躯干前交叉。

● 随着左肩位置低于右肩，两肩倾斜。

● 击球点通常略微在身体之前，在前脚前方大约20厘米的位置，并与前脚成一条直线。

● 球拍在击球时并不是完全伸直的。击球时拍头是斜向上的（大约60度）。

● 抛球臂与底线的夹角为10度～20度。

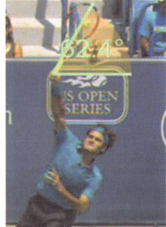

图4-7　击球点　　　　　　　　　　　　图4-8　击球特征分析

向上击球vs向前击球

从发力位置到击球点，为了能使拍头产生最大的速度，球员的向上发力动作形成了180度的曲线，并在曲线的终点击球，拍头速度达到最大，在触球时将挥拍的所有力量释放在球上。尽管发力位置的动作相同，但如果球员力量集中在向前而不是向上时，力量曲线会变为向前向下，这会使球员在发球时产生的力量没有多少真正地用在球上，而是用在了击球后的随挥上。

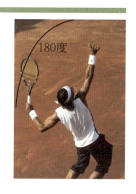

（三）随挥

● 拍面从正对击球位置大概转90度，使得右臂继续旋内。

● 髋、躯干和两肩向前转动至与球网基本平行。

● 躯干和两肩继续转动形成"换肩"。

● 左臂进一步下移，在躯干前交叉。

● 大多数（不是全部）情况下，球员左脚落地。

● 首先右臂继续沿着身体右侧移动。髋、躯干、肩向前转动的同时，右臂和球拍移至身体对侧，以便完成随挥。

● 头部跟随击球轨迹。

随挥动作见图4-9。

图4-9 随挥

○扣腕

　　我们经常会听到教练在发球时提醒击球时候要扣腕以增加击球速度。其实事实并非如此。实际这个动作是由于我们看到一些职业球员的结束动作照片时被一些影像所干扰了。通过高速录像可以看出不管是平击发球、侧旋发球还是上旋发球，实际上手腕的动作只是向上并随着前臂的旋内动作进行相应的转动而已。

四、上旋发球

　　上旋发球提高了球员发球的成功率。与平击发球相对，上旋球的过网弧度较大。球落地后弹跳高度超过了平击发球和切削发球。另外，稳定性是此项技术的主要优势，球落地后高反弹对于一些战术组合来说非常有效。右手球员在左区使用这种发球技术（反过来左手球员通常在右区使

上旋发球技术教学

上旋发球

用这种技术）时，球的弹跳轨迹会使得接发球球员的防守面积增加，为发球球员的下一次击球奠定基础。上旋发球的技术特征如下。（图4-10）

图4-10　上旋发球

● 后摆时，大幅度转肩，超过大力发球时转动的90度。

● 与大力发球相比，两肩在后摆时倾斜幅度稍微有所增加（左肩高于右肩）。

● 与大力发球相比，背部进一步伸展。

● 抛球置于球拍顶端高度，同时要么大幅度靠后，要么直接在身体上方略微偏向前脚的右侧。

● 与平击发球相比，球拍会产生更大的垂直速度，球拍向前速度反而减少。这是产生旋转的重要因素。

● 与平击发球相比，上臂旋内的幅度减小。

● 一般来说，击球点略微靠后，或直接在身体上方略微偏向前脚右侧（左手球员）。

● 随挥过程中，左臂继续沿着身体左侧移动。

> **知识卡片**
>
> 旋转
>
> 应该指导球员关注向上挥拍过程中球拍的垂直轨迹，主要强调球拍向上击球。球员应该尝试击球的后边缘，从"右底部至左上部"形成一个斜线轨迹通过球，这样才能向球施加上旋。
>
> 隐蔽性
>
> 对于高水平球员而言发球的隐蔽性非常重要，所以应该缩小平击发球、上旋发球、侧旋发球在抛球位置上的差异。

五、侧旋发球

侧旋发球向球施加侧旋，球的飞行轨迹和落地后的弹跳都会出现从右向左的偏移（右手球员）。此发球能使接发球球员的防守面积加大，为发球球员的下一拍击球奠定基础。对于接发球球员来说，不但移动的距离有所增加，准备击球的时间也有所减少。另外，与大力发球相比，侧旋发球有较高的成功率。球被施加了侧旋和身体向前转动的合力，还使得球能在一定程度上较高地过网（与大力发球相比）。左手球员的发球技术特征包括以下几点。

侧旋发球技术教学

侧旋发球

● 与大力发球相比，球拍的垂直运动速度更快，球拍向前运动速度减慢。与上旋发球一样，技术的核心要点在于制造球的旋转。

● 与大力发球相比，前臂旋后的程度下降，上臂旋内减少。

● 与平击发球一样，击球点通常略微前于身体，并与前脚呈一条直线。

● 首先左臂沿着身体左侧移动。随挥动作的显著特征为左臂和球拍在身体前交叉（同时髋、躯干、肩向前转动）。

注意：应该指导球员关注向上挥拍过程中球拍向前运动和垂直运动的结合。强调球拍向前向上摩擦球。为了对侧旋发球施加侧旋和向前的力，击球位置应经过球的侧上部。

○ 发球力量来源

通常通过躯干在三个轴上的转动来增加击球的力量。首先是躯干的水平回转产生的力量。其次是抛球结束时的"奖杯"动作为肩关节从后向前的转动做好了准备，两肩好比是一个跷跷板，击球时前肩下压、后肩向上升起击球，利用的是杠杆的原理。第三是发球时躯干向前下方下压产生的力量。

我们通常听到教练让球员努力做背弓来增加发球力量，通过上面的分析我们可以看出发球力量的来源是通过在三个轴上的转动形成的，因此不可盲目地做背弓来发力，否则极易造成背部损伤。抛球臂是侧向于底线，抛球后充分伸展时能够帮助身体右侧充分向右回转。这样使得上体和下体之间形成一个夹角，通常我们把这个夹角叫作分离角。肩关节的转动超过髋关节的转动形成"分离角"。它的作用是充分预牵拉上体的肌肉为接下来的发力做好准备。

第二节　接发球

正手进攻接发球　　　　反手进攻接发球　　　　正手防守接发球

在单打比赛中，双方球员都将接发球视为回合的开始。所以接发球对于比赛结果的影响非常大，甚至在某些情况下比发球的影响还要大。据统计，职业比赛中"50%～70%的球胜负取决于接发球的质量"。接发球技术特征与底线击球相似，只是对于反应速度有更高的要求。

接发球根据具体的战术情况分为进攻性和防守性。在大多数情况下，防守性击球用于回击速度快和落点绝佳（深、角度大）的第一发球，或是落点绝佳的第二发球。在这种情况下应该尽可能地把球回进对方球场，同时减少发球球员第二拍进攻的选择范围。进攻性接发球主要用于回击对手的第二发球，特别是用于回击缺乏力量和角度的发球。在这种情况下的击球目标是确保占据比赛的主动。

一、握拍

一般来说，接发球进攻的情况下，握拍方式与正反手底线击球相同。然而，大陆式握拍更适用于防守性推挡接发球。

二、准备姿势

接发球准备姿势要点基本与底线技术相同，主要区别在于以下几点。

● 与底线击球相比，接发球在准备时普遍采用反手握拍。

● 两腿分开距离略宽于肩，有助于稳定性和平衡性的提高。

● 屈膝，以便更大幅度地伸展（与底线击球相比）。降低身体重心，提高平衡和动力，同时有助于快速启动。（图4-11）

图4-11 接发球准备姿势

三、步法与站位

1. 分腿垫步

迅速和平衡地向前移动至正手或反手位，对于接发球来说至关重要。分腿垫步在接发球中有重要作用。接发球分腿垫步的特点如下。

● 发球球员开始向上挥拍时，接发球球员开始分腿垫步。

● 球员跳进准备位置，两脚站位略比肩宽，与底线击球的分腿垫步相比，屈膝幅度增加。

● 与底线击球分腿垫步相比，更多的屈膝使得腿部肌肉拉伸幅度加大，以便增加移动的力量（移动更迅速）。（图4-12）

图4-12 分腿垫步

⚫ 分腿垫步的作用

（1）分腿垫步有助于增加向各个方向移动的平衡性。

（2）分腿垫步时膝部的屈伸产生的动力有助于快速启动。

（3）分腿垫步可使躯干正对前方。

2. 站位

● 正手接发球的站位与底线击球时的站位相同。

● 与底线击球相比，反手接发球更普遍使用半开放式或开放式站位。（图4-13）

图4-13　反手接发球开放式站位

四、接发球各阶段技术要点

（一）引拍与后摆阶段

与底线击球相比，更小的引拍非常重要。根据战术的不同，接发球技术的特征如下。

● 进攻性接发球的握拍和后摆形式与底线击球相同。引拍的幅度需根据击球的准备时间情况做出调整。正手手臂绕肘关节转动，能在提高球拍速度的同时最少地转肩。所以，球员可以用进攻性接发球回击速度相对较快的发球。

● 在某些情况下（并不是全部）防守性接发球使用大陆式握拍，也就是握在正手和反手中间的位置。在这种情况下，把球推深至对手底线，或者打到上网截击球员的脚下。后摆的形式与截击相似。后摆结束时球拍要么略微向上，要么直接正对预期的击球点。

引拍与后摆动作见图4-14。

图4-14　引拍与后摆

（二）前挥与击球阶段

前挥的主要特征与底线正手击球基本相同，区别在于：

● 对于进攻性接发球，前挥时由低到高的球拍轨迹与底线击球相似。前挥的幅度减小与后摆简短相关。

● 防守性推挡接发球前挥时的球拍轨迹略微地由低到高或者水平（平行于地面）。伸膝、伸髋、躯干、肩的向前转动适度减少（与底线击球相比），这使得球拍延长直线前推距离（前挥时球拍直线通过来球）。

前挥与击球动作见图4-15。

图4-15 前挥击球

⭕ 力量来源

接发球应该成为球员最有力的防御武器，接发球的力量来源应该是对手的发球，尤其是一发。所以接发球的要点是如何利用和控制来球的力量，让球能按照自己的意愿改变方向返回到对方球场。记住，接发球的首要目标不是直接得分，而是让这一分顺利开始。

击球的重要特征与底线击球相似，区别在于以下几点。

● 对方弹跳较高的二发，进攻性接发球的击球点大多数在肩部高度。

● 防守性接发球的击球点更靠近身体（与进攻性接发球相比），这是由于大陆式的握拍方式。球拍或垂直于地面或略微后仰（打开）。躯干和两肩保持大致平行于球网。两脚保持半开放式或关闭式站位。

（三）随挥阶段

随挥的主要特征与底线击球相似，主要区别在于以下几点：

● 进攻性接发球球拍前挥轨迹由低到高，与底线击球相同。随挥的幅度减小与简短的后摆和前挥有关。

● 防守性推挡接发球随挥轨迹与截击相似。球拍朝预定击球方向前推通过击球区。

随挥动作见图4-16。

图4-16　随挥

○ 接发球前需要考虑的问题

球员在接发球时只有半秒不到的反应的时间，所以球员需要在准备时就决定好下一步该做什么，在接发球前球员需要考虑的因素有：

（1）是一发还是二发？

（2）对手会发球上网吗？

（3）对手最有可能发向哪里？

（4）接发球是要推挡、切削还是要抽击？

（5）接发球的线路。

（6）接发球后下一拍球该如何处理？

第三节　发球和接发球训练方法

一、发球训练

发球完全是由球员独立掌控的技能，所以训练的要点应关注于完善技术。

（一）发球稳定性训练

此项训练的目标是提高第一发球和第二发球的稳定性。双方球员相互依次发1个球，发球进入发球区记1分，先得11分的球员获胜。此项训练应该包括侧旋或上旋发球。教练应该强调在比赛中每次发球要达到预期目标的重要性。（图4-17）

（二）发球准确性训练

每个发球区分为三个部分。此项训练的目标是提高一发持续的准确性。球员轮流把球发到一个指定目标区域。每个球员向一个区域发10个球，记录成功的次数，重复练习直到10次发球全部成功。此训练应该包括使用侧旋和上旋发球。（图4-18）

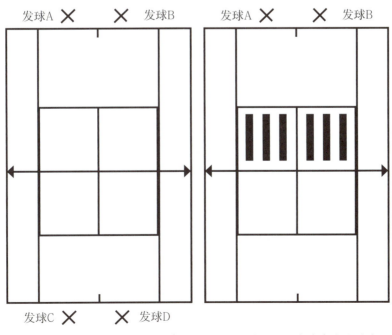

图4-17　发球稳定性训练　　　　图4-18　发球准确性训练

（三）发球深度和稳定性训练

每个发球区分成两个部分。此项训练的目的是发展一发和二发球落点的深度和稳定性。球员向每个目标区域发10个球，重复练习直到10次发球全部成功，记录连续10次成功发球的组数。此训练应该包括使用侧旋和上旋发球。（图4-19）

注意：

（1）高水平球员可以把练习（二）和练习（三）的目标区域合并起来（要求球员的发球不但要有角度同时要有一定的深度）。

（2）练习（二）和练习（三）可以用于对球员的技术评价。计数可以帮助球员检验一段时间训练的效果。教练应该通过计数检验球员的提高情况。之后，要鼓励球员在比赛中达到训练时相应的水平。

（四）第二发球高度和旋转训练

发球目标区的划分与练习（二）和练习（三）一样。另外，把球网的高度提高30厘米。此训练的目的是练习二发上旋球。球员使用上旋发球，提高球网高度明显增高发球的同时，让球落在有效发球区内。球员向每个目标区域发10个球。重复练习直到10次发球全部成功，记录连续10次成功发球的组数。（图4-20）

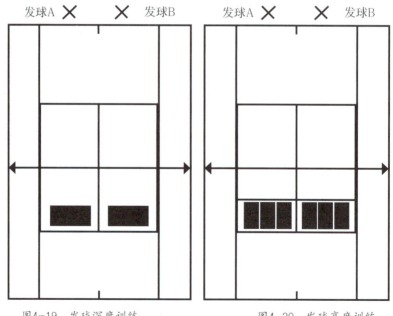

图4-19　发球深度训练　　　　　图4-20　发球高度训练

二、接发球训练

（一）接发球分腿垫步和移动练习

此练习的目标是练习分腿垫步的时机、场上位置以及分腿垫步之后的移动方向。一个球员发球，同伴接发球，训练接发球者要根据对手发球情况进行分腿垫步。分腿垫步之后，接发球者向斜前方移动建立击球位置（接发球的位置B）。在场地上记录，与发球位置相吻合的移动方向。教练根据分腿垫步的时机、场地位置以及分腿垫步之后的移动方向给接发球球员判定一个分数。（图4-21）

（二）接发球持续准确性训练

此项训练的目的是发展接发球落点的持续准确性。与球员讨论后，在场上记录根据发球方向选择最合适的接发球位置（图4-22，发球方向A）。接发球球员记录成功回球到目标区的次数。

注意：训练接发球球员根据发球的速度和深度及战术需要（发球上网）选择在场上的站位。

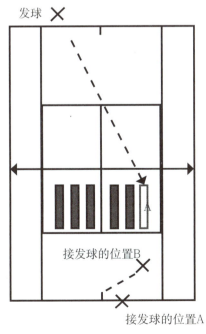

图4-21 分腿垫步和移动训练

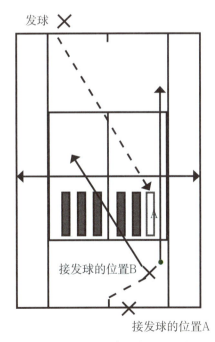

图4-22 接发球持续准确性训练

（三）接发球反应训练

此项训练的目标是缩短接发球所需要的反应时间，鼓励球员更迅速地对发球做出反应。球员在发球线附近向对面站在底线的同伴发球，发球的球员应该变换发球的落点、速度和旋转，模拟上旋和侧旋发球。强调接发球球员迅速做出一系列反应，包括分腿垫步和准确的移动。（图4-23）

三、发球上网训练

（一）发球上网分腿垫步和移动练习

此项训练是训练球员分腿垫步的时机、位置及分腿垫步后的移动方向，并着重强调发球。一个球员练习发球上网技术，同伴或者教练接发球。发球球员根据接发球的情况来确定分腿垫步的时机。分腿垫步之后，发球球员朝网前移动至接发球球员回球角度的中间。不同发球落点的对应移动方向需要记录在场地上（图4-24，发球方向A）。教练或者其他球员（接发球球员除外）根据分腿垫步的时机、技术和场上位置以及分腿垫步后的移动方向，为发球球员的每一次发球上网评定一个分数。

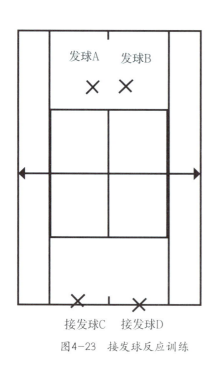

图4-23 接发球反应训练

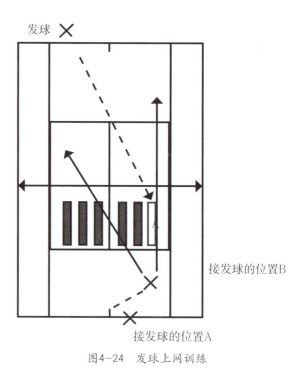

图4-24 发球上网训练

（二）外角发球——截击空当（战术决策）

发球球员和接发球球员都有机会训练战术/击球选择。

1.发球

（1）发球后球员向前移动到网前，教练将球送至发球球员的正手位，让球员低于网截击。球员通过练习（试验与犯错）锻炼决策能力，截击是过渡还是进攻需要根据击球点的高度选择最有效的击球方式。（图4-25）

（2）重复此项训练，击球点高于球网。

（3）当击球点低于网高时采用过渡截击或当击球点高于网高时采用进攻截击，教练把球落地后喂出，重复练习两种选择。首先教练只喂一种球（例如：正手截击低于网高），之后单独喂另一种球。接着教练的喂球有高有低，最后随机喂出包括不同高度和不同方向的球。

2.接发球

（1）同伴或教练发球至接发球球员正手（右手持拍），球员需要从准备位置向外角移动（接发球球员：位置B）。球员通过练习（试验与犯错）锻炼决策能力。球员接发球是回直线还是斜线，需要根据发球的角度和接发球的场上位置选择最有效的击球线路。

（2）重复此项训练，发球至接发球球员正手，落点相对靠近接发球球员的准备位置（接发球位置C）

（3）当发球大角度朝外，并距离接发球位置较远时应回直线球。当发球角度相对靠近接球位置时选择直线、斜线均可，通过重复两种选择进行决策练习。

首先教练或同伴连续发一种线路的球，之后发另一种线路的球，最后随机发出不同线路的球。（图4-26）

把之前所描述的发球球员和接发球球员的选择置于比赛的情境中。鼓励球员关注击球选择的合理性。

注意：战术选择是训练设计的一部分，此项训练中强调了决策的一般性原则。战术选择是主观的，所以教练应该在设计训练时考虑到击球选择的合理性。

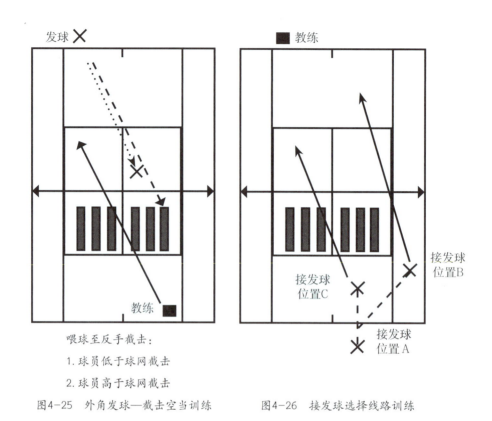

喂球至反手截击：

1. 球员低于球网截击

2. 球员高于球网截击

图4-25　外角发球—截击空当训练　　　　图4-26　接发球选择线路训练

四、接发球与发球组合训练

（一）接发球训练：底线发球落点

教练向球员发球就像在真实比赛中一样。教练站在底线按照常规发一发和二发，并准备评判球员的接发球质量。每一分不用打完，仅是教练发球和球员接发球。如果球员能把一发回至对方场地中间的深区（区域A），或者把教练的二发回击出大角度（B或C区域），便能得分。如果球员的接发球没能进入目标区域，教练得分。教练规定的目标区域要与球员的水平相吻合。（图4-27）

教练讲话："当你接一发时，发球球员占据优势。"所以仅仅需要把球向场地中间回深，进入到一分当中。当接二发时（相对容易一些）击球要更具有攻击性和大角度。这可能使你有机会在回合中占据主动，甚至有机会打出制胜分。

（二）接发球训练：发球上网

教练像在比赛中一样发球上网，一发、二发都要上网。教练喊出球员接发球回球的目标区域，直线至区域B，斜线至区域C，脚下至区域A。教练评价球员回球的准确性。一个准确

的回球球员得一分，失误或落点错误教练得一分。按照正规比赛计分。每一分不用打完，只是进行发球接发球练习。（图4-28）

教练讲话："发球上网时对手肯定会对你的接发球施加更多的压力"，你不能仅仅是简单地把球回到球场中间的深区。你的回球要与穿越球相似，另外：

（1）带有速度的直线至区域B。

（2）带有大角度的斜线至区域C。

（3）低至脚下至区域A。

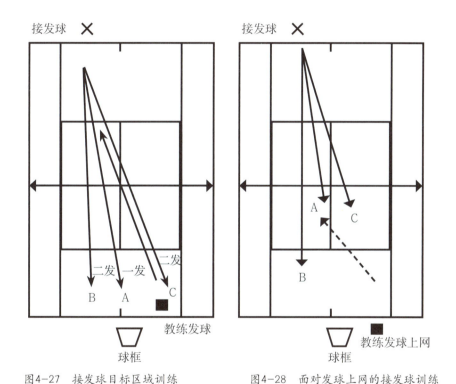

图4-27 接发球目标区域训练　　　　图4-28 面对发球上网的接发球训练

（三）接发球训练：压力训练——中场发球

教练从发球线位置发球，精确地把球发到指定区域，球员进行特殊接发球训练（图4-29）。教练可通通过加快发球速度，以提高球员的快速准备能力。训练程序包括：

（1）教练设计发球落点。

（2）接发球球员事前并不知道发球的落点。

教练讲话：当教练抛球时球员紧紧地盯住球，以便于判断发球的方向。注意观察教练的身体语言，通过抛球的位置和挥拍可以大致判断发球方向。接发球快速准备需要注意以下几点：

（1）后摆简短。

（2）左手迅速地向后推（拉）球拍。

（3）迅速分腿垫步使身体进入警觉状态。

（4）大多数情况下采用的站位易于向中场移动把球挡回，而不是站位距场很远（场外）。

（5）当发球角度大或弹跳高压迫你时，后摆简短并向斜前方移动截住发球。否则，发球可能把你拉出场外。

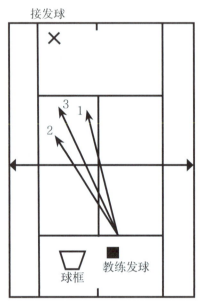

图4-29　中场发球的接发球训练

（四）发球训练：一发和二发

球员练习一发，目标为三个指定区域：外角（1），追身（2），T区（3）。球员训练二发（4）目标是反手侧和追身。球员两个区都要进行训练（图示是一区发球）。球员与自己比赛（只是发球）一个发球成功赢一分，一个双误丢一分。教练制订训练计划并计分。（图4-30）

教练讲话："当你一发时，要争取直接得分"。你的二发通常更容易被对手洞察，要么发向对手的弱点，要么发向他的身体。

注意：教练应该指导球员根据比分考虑发球的类型。例如，当比分在30:40时，一发一定要发进界内，发向对手的中路（追身球）是相对安全和稳定的选择。在30:40的情况下一发失误将非常危险。

（五）发球训练：发球上网，意识和战术

球员发球上网1，一发、二发都要上网。教练以一个半合作的回球，使球员可以执行发球上网战术。教练回一发2至上网球员的中路（区域A）。当球员二发时教练回出更具有攻击性3的斜线球至区域B或者回直线球4至区域C。然后继续这一分至结束。（图4-31）

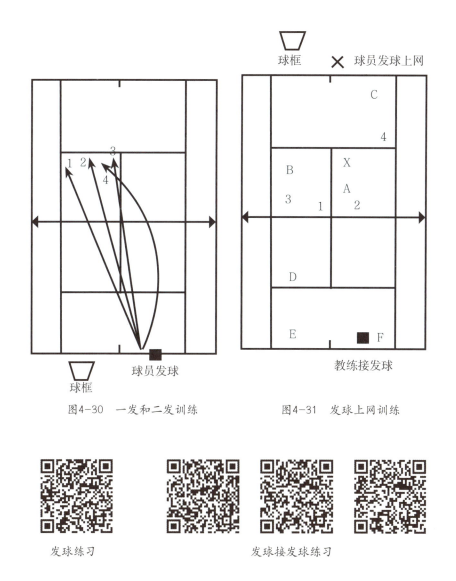

图4-30　一发和二发训练　　　　图4-31　发球上网训练

发球练习　　　　　　　　　发球接发球练习

教练讲话：开始练习发球上网技术和战术之后很长时间，你才能准备好把它运用到比赛中去。

练习发球上网的5个要点：

（1）当你走到发球位置前，形成一个攻击性的思维形式："不要有消极的想法"，确定发球上网，并想象执行的过程。

（2）抛球更前。身体略微前倾，强有力地伸膝，向上挥拍击球，身体自然向上向前移，以便能够快速来到网前。

（3）如果发球在界内，快速向前移动，当接发球球员将要击球时在场上X位置"分腿垫步"（上网路线与发球线路一致)。

（4）计划一到两个方案：发球至场地一侧然后截击至另一侧，如图4-31所示，在一区发球然后网前截击至场上位置D。迫使对手大范围跑动。

（5）如果回球很困难不能进攻，回一个有把握的球（随球上网截击或一个反弹球）至直线深区E区域或F区域会是一个明智的选择。

注意：

（1）一系列的程序都始于发球——你发球必须具有杀伤力，然后其余的击球才有保障。

（2）如果接发球质量不高，可以在向前跑动中截击，甚至可以挥拍抽球结束这一分。

思考题

1. 在发球技术中，抛球环节对发球效果的影响有哪些？

2. 平击发球、侧旋发球、上旋发球的主要区别是什么？

3. 如何提高发球的速度和稳定性？

4. 为什么接发球前需要分腿垫步？分腿垫步的作用有哪些？

5. 接发球技术与底线击球的主要区别有哪些？

第五章 网前技术

○ 本章概要

1.了解不同种类网前技术的特点。

2.重点掌握网前截击和高压技术要点与特征。

3.学习网前技术训练的方法与组织形式。

底线击球已经发展成为主宰高弹跳场地的有力武器，并且威力在不断地增加。随着球员底线技术的不断完善，网前技术可能成为一项帮助球员实现突破的技术。未来可能会有更多全场型打法的球员出现。因此，必须重视网前技术的训练，让它成为你的一项强有力的得分武器。

正手截击技术教学

反手截击技术教学

第一节　截击技术

一、握拍

通常我们使用的正手截击握拍是大陆式握拍或大陆式握拍和东方式握拍之间的握拍。

一种握拍方式是2/1，即掌根关节在第一个面上，食指掌指关节在第二个面上。职业球员在时间允许的情况下正反手截击的握拍略有不同，正手截击更偏向正手握拍一点，反手截击偏向反手握拍。

截击握拍手掌与球拍握柄的定位点示意图见图5-1。

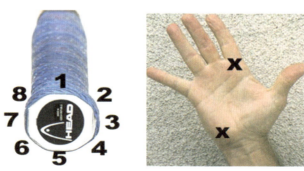

图5-1　手掌与球拍握柄的定位点示意图

二、准备姿势 — 分腿垫步

网前截击技术的准备姿势与底线击球相同。双脚左右开立，膝关节弯曲，降低身体重心，保持背部肌肉的紧张。对手击球前的一刹那，球员必须做分腿垫步，双脚蹬地，稍微跳离地面，落地时双脚与肩同宽，重心放在前脚掌上，肌肉保持适度紧张。目的是重新调整身体重心并建立平衡，有助于判断来球的方向，以及做出相应的反应。（图5-2）

图5-2 分腿垫步

○ 上网

球员想要上网得分，如何来到网前是成功的关键。不管球员是随球上网还是发球上网，必须加快前几步，以便能来到更靠近球网的位置。上网时不但要保持紧凑的低位，步法更是要平稳流畅。

三、截击技术要点与特征

（一）低球截击

从低处击球与从高处击球相比，网高使得失误的可能增加，想要降低失误率就要最大限度地靠近球网。通常低球截击被视为防守击球，同时要在有限的回球角度内尽可能地提高回球质量，防止对手击出穿越球。低球截击技术的主要特征有以下几点。（图5-3）

正手低截击　　　　　　反手低截击

● 充分屈膝，降低身体重心（击球时后腿的膝关节有可能触地）。

● 缩小引拍的幅度（与腰部至肩部之间的击球相比）。

● 上步，形成较宽的半开放式站位，以保持稳定。

● 在击球阶段肩、肘、腕关节保持相对稳定。

● 击球时拍头高于腕部，但是如果与腰部至肩部之间的击球相比，拍头高度相对较低。

● 与腰部或以上高度的击球相比，拍面角度更加后仰（打开）。

● 随挥动作相对简短，延续由低到高的前挥轨迹。

图5-3　低球截击

○ 稳定性

为了加强截击技术的稳定性，无论是低球截击还是高球截击，躯干都要尽可能地保持直立。击球时，击球臂肘关节弯曲，呈"V"字形。随挥动作结束时，球拍最好都能达到在同一个位置，这样能有效加强对球的控制力。

（二）高球截击

高球截击可能发生在发球线附近（第一截击）或较为接近球网（第二截击），两种情况下的战术目标和击球效果大不相同。下面是高球截击技术的基本特征。（图5-4）

正手高球截击　　反手高球截击

● 击球过程中，膝关节相对伸展。

● 正手截击转肩略大于45度；反手截击转肩略大于90度。

● 后摆结束时，球拍位于后侧肩部之后。

● 与在腰部高度击球相比，球拍向前下方移动的倾斜幅度更大。

● 反手截击，与在腰部高度击球相比，上臂旋外和前臂旋内的幅度更大。

● 击球时拍面角度更垂直于地面（与在腰部高度击球相比）。
● 随挥相对较长，延续从低到高的前挥轨迹。

图5-4　高球截击

○ 发力方式

正手截击与反手截击的发力方式有所不同，正手截击在击球前两手是分开较多的，然后在击球过程中逐渐靠近，以"合"的形式发力。而反手截击在击球前两手都握住球拍，随后在击球过程中逐渐分开，以"分"的形式发力。所以可以说正手截击与反手截击的发力方式是相反的。

（三）网前放小球

网前放小球集合了放小球技术和截击技术在位置和球速上的不同特征。普遍意义上的放小球技术就是降低对手的球速，以便把球"吊过"球网，使球落地后很少前跳。截击放小球通常用于当网前球员占据主动或者对手的站位在底线靠后时。突然性是使用此项战术成功的关键，因此需谨慎使用并具有隐蔽性。截击放小球通常用于回击慢速的底线来球，主要特征包括以下几点。（图5-5）

网前正手放小球

● 相对于第一截击和第二截击，略微缩小引拍幅度。
● 与第一截击和第二截击相比，击球前球拍前移适度减慢。
● 与第一截击和第二截击相比，击球时拍面角度更后仰（打开）。
● 击球阶段前臂和手腕放松，击球时要把对手的球速缓冲掉。
● 球员头部位置与击球高度基本保持一致。
● 随挥简短。

图5-5　网前放小球

○落点

　　球员在使用网前放小球技术时通常十分靠近球网，其实只要球员在发球区以内的位置都可以使用这项技术。网前放小球的落点至少应在对手的发球区以内，如果你所站的位置有利，可选择落点极浅的对角小球。好的小球可以在落地3～5次后仍然停留在对手的发球区内，或落地1次后就偏移至边线以外。

（四）网前截挡

　　网前截挡同样集合了放小球与截击的特征。一般来说，此项技术与网前放小球的主要区别在于：它是用于处理球速很快且距击球位置较远时的来球，网前截挡的技术特征与截击放小球较为相似，不同之处有以下两点。（图5-6）

图5-6　网前截挡

　　● 与截击放小球相比，击球时拍面后仰（打开）的角度较小，因为下旋并不是此项技术成功的关键。

　　● 击球后拍面向后、向下移动。

（五）反弹球

　　当球员在网前时，要尽可能地凌空截击，不让球落地。如果球刚好在球员面前落地，无法被凌空截击时，就必须使用反弹球技术。反弹球的击球发生在球落地反弹时（在球上升前），这与底线击球更相似。反弹球一般更接近于球网（相对于底线击球）并低于球网高度。此项技术出现失误的可能性较大，一般情况下作为一种防守技术使用。反弹球技术与要点包括以下几点。（图5-7）

　　● 准备时屈髋、屈膝。屈膝幅度与低球截击相似，大于底线击球准备姿势的屈膝幅度。

　　● 后脚作为支撑点。

● 球拍向后、向下移动的同时转肩，后脚作为整体转动的支撑点。

● 转肩幅度与正手、反手截击相似。

● 前挥的同时朝来球斜前方上步，形成关闭式站位。

● 在此阶段保持屈膝，使得球拍与击球点成一条直线。

● 开始前挥时，球拍大致与地面处于同一水平高度。

● 开始前挥的同时伸膝（腿伸展）、伸髋。

● 前挥时，球拍的轨迹首先平行向前，之后适度地由低到高。

● 尽可能地在球刚弹起时击球。击球通常在右肩前面脚踝高度。

● 击球时，拍面角度通常垂直于地面，球拍与地面平行。注意：在某些情况下，拍面角度略微前倾（关闭）。

● 在击球时，肘关节与腕关节保持相对稳定。

● 击球过程中，球员的头部保持稳定，眼睛盯住击球点，通常比实际击球点适度靠前。

● 随挥简短，延续由低到高的前挥轨迹且幅度较为缓和。

正手反弹球　　　　反手反弹球

图5-7　反弹球

○ 时机把握

有良好的空间感知能力以及细腻的手感是掌握反弹球技术的基础。球员需要协调好以下要点，以便能对击球的时机准确把握：把球拍放在身体一侧，后摆引拍更加简短，在球弹起过程中击球以及平稳地随挥。

（六）近身截击

有时球员在网前必须处理正对身体的来球，此种击球的特征为击球位置在身体正前方。近身截击的技术特征包括以下几点。（图5-8）

近身截击

- 最好采用反手截击。
- 侧身以便让击球位置略微偏向一侧，而不要让球正对身体。
- 击球时肩、肘、腕关节保持高度稳定。

图5-8 近身截击

（七）抽球截击

抽球截击集合了底线高点击球与截击的技术特征，通常击球时带有上旋。此项技术常用于制胜，大多数情况下是在中场使用。抽球截击的技术特征与底线击球相似，且像截击一样在球落地前击球。抽球截击的技术特征包括以下几点。（图5-9）

● 握拍与底线击球相同。

● 引拍方式与底线击球相同，后摆幅度较小。

● 开始前挥的同时朝来球前上步，形成半开放式站位。

● 开始前挥时，球拍位置低于来球高度。

● 开始前挥的同时伸膝（腿伸展）、伸髋。

● 腿、髋、躯干和肩向上运动，协助球拍前挥，轨迹由低到高。

● 正手抽球截击在前挥初期，右肘保持在相对靠近身体的位置，以便保证击球的稳定性。击球之前，球拍由低到高的幅度更大。前挥后期上臂旋内、屈腕。

● 双手反手抽球截击，球拍轨迹由低到高，同样在击球前幅度增加。左大臂旋内和左腕屈曲的程度与正手相似。球员使用半西方式或西方式握拍，左腕向前、向上屈曲。

● 击球点与肩同高。为尽量减少失误，击球点应高于球网。

正手凌空抽球技术教学　　反手凌空抽球技术教学　　　正手抽球截击　　　反手抽球截击

图5-9　抽球截击

○ 抽球截击的旋转

高水平球员的抽球截击技术并不是使用平击球，一味地强调击球的力量和速度，而是更强调击球的角度和稳定性。通常抽球截击都会带有明显的上旋，目的是提高击球的稳定性，为接下来的上网创造良好的机会。

（八）截击挑高球

截击挑高球根据战术需要进攻或防守时均可使用。截击挑高球动作与截击相似，主要区别包括以下几点。（图5-10）

● 相对于第一截击和第二截击，击球时拍面的角度更加后仰（打开）。

● 前挥时的球拍轨迹由低到高。

● 随挥简短，延续由低到高且较为缓和的前挥轨迹。

正手截击挑高球　　　反手截击挑高球

图5-10　截击挑高球

（九）截击大角度来球（当来球靠近边线时）

面对底线球员的大力抽击时，需要使用大角度截击技术。分腿垫步的时机是此项技术是否成功的关键。大角度截击要求球员朝来球方向迅速侧向移动（与球网平行）。技术特征包括以下几点。（图5-11）

● 分腿垫步之后，球员大步跑向来球，几乎完全侧向移动，形成关闭式站位。

● 球拍朝击球位置侧前方（斜对角）移动。后摆几乎消失或大幅度小于第一截击和第二截击。

● 与第一截击和第二截击相比，击球时减少球拍下移。

● 击球过程中肩、肘、腕关节保持相对稳定。

● 击球时，拍头与腕部同高或略高于腕部。击球时，拍面角度后仰（打开）。

● 与第一截击和第二截击相比，随挥幅度减小。

正手截击大角度来球　　　　反手截击大角度来球

图5-11　截击大角度来球

○ 单打网前站位

在单打比赛中球员在第一截击后，应该跟随击球的方向继续向前移动来到靠近网的位置，这时应该站在对手最有可能回球最大角度的中间。也就是充分伸出球拍能够覆盖直线的穿越球，跨一步加上完全伸出球拍可以接到斜线大角度穿越球，向后移动两步可以接到对手挑起的高球。在这个区域可以最大可能覆盖对手的来球。

第二节 高压球技术

高压球技术是一项进攻性击球技术，具有击球力量大、飞行速度快和落地时间短的特点。一般来说打高压球就意味着得势、得分，所以高压球又叫杀球，是在头顶上用扣压动作完成击球的技术动作，属网前球技术。在网球双打比赛中，高压球技术非常重要，这是由于球员上网进行截击时对方经常会通过挑高球来摆脱被动，只有熟练掌握高压球技术，才能有效制约对方的挑高球，并利用高压球技术直接得分。打高压球时，对时机的掌握很重要，因此需要球员有良好的空间感和时间感。

高压球技术教学

起跳高压球

一、握拍

大陆式握拍。

二、起跳高压球技术要点

当对手击出一个接近底线的高球时，球员需使用起跳高压球技术。起跳高压球有以下要点。（图5-12）

● 右脚后撤一大步，迅速形成半开放式站位。

● 躯干后倾幅度更大（与一般高压相比），使用侧滑步，迅速大步向后移动。

● 减速和小步调整之后，最后右脚后撤一大步。

● 最后一步起跳。右脚后撤形成最后一步，帮助在向上挥拍之前保持半开放式站位。

● 随着髋、躯干、肩向前转动，在向上挥拍过程中两脚换位以保持平衡。

● 击球时双脚离地，后背保持挺直，最好能完全伸直手臂。

● 左脚先落地。

图5-12　起跳高压球

○ 剪刀脚

剪刀脚能让球员在打后退高压球时，更有力量，能覆盖更多的来球。使用这种步法时，右脚蹬地，使身体向上击球，左脚先落地，在空中两脚的位置前后交换，像剪刀一样踢腿。

三、落地高压球技术要点

球员在网前主要是使用起跳高压球技术，特别当球接近底线时。然而，当出现一个防守高球，来球很高但缺乏深度时，使用落地高压将非常有效。落地高压球的技术要点包括以下几点。（图5-13）

图5-13　落地高压球

● 迅速向后移动至球落地弹起的位置之后。

● 在球弹起前，完成后摆引拍。

● 球落地之后，用小步侧向向前移动，调整击球位置。

● 在球二次下落过程中击球。

○ 上体平衡

脚下快速移动到位后，上体开始做击球准备，持拍手的肘指向正后方，双肩水平，以便保持上半身的平衡，特别是在向后退的过程中。非持拍手指向来球，作为反向平衡，在击球过程中向下收至腰部，以便帮助转肩。

四、反手高压球技术要点

在网前时主要使用头顶高压球技术（正手），但有时也会被迫使用反手高压去处理非优势侧（反手）的来球。反手高压球可以是单手也可以使用双手。反手高压球有一些反手截击的技术特征，与正手高压球技术相似，用于处理高球。反手高压球的技术特征包括以下几点。（图5-14）

反手高压球

● 使用单手反手击球，建议使用大陆式握拍或东方式反手握拍。

● 反手截击使用双手的球员，建议反手高压球也使用双手。

● 左脚后撤一大步，形成半开放式站位。

● 转肩至基本垂直于球网。

● 躯干后倾幅度稍大（与一般高压球相比）。

● 球拍首先向上移动，然后向后移动至左肩之后，左手扶住拍颈。

● 后摆引拍的同时转肩、后退。

● 完成引拍时，右上臂旋内，拍头适度低于肩高。

● 使用大步迅速向后移动。

● 减速并用小步侧向调整击球位置，之后左腿侧向迈出一大步。

● 最后一步用于起跳。

● 单手击球的前挥特征为：上臂旋外、向击球位置伸肘、伸腕。

● 在肩高以上，稍前于右肩的位置击球。

● 击球时，双脚可能离地。肩大致垂直于球网。单手击球，肘、腕完全伸展（直臂）。

● 球员重心落在左脚。

● 随挥时，球拍向前、向下移动的同时手臂减速。

图5-14　反手高压球

第三节　网前技术训练方法

提高网前的技术水平，重要的是保证训练循序渐进和最大程度的投入，同时应在训练中提高反应速度和预判能力。特别注意，高水平的训练应该让球员提高击球选择和决策能力。

一、截击球训练

（一）穿越球组合训练

教练向底线球员送球，底线球员尝试击出穿越球（不能挑高球）。在一个球结束后轮换底线或网前的球员。组与组之间计分（底线组与网前组）或个人之间计分。（图5-15）

（二）半场底线 — 截击组合训练(不包括挑高球)

网前球员将球送向在对面的底线球员，当底线球员成功地把球击向网前球员后，开始计分。由于双方球员都占用半片场地，强调底线球员不能挑高球，要击出尽可能低的过网球。对于网前球员，强调从发球线起不断向前移动，直至靠近球网。一方达到七分后轮换。（图5-16）

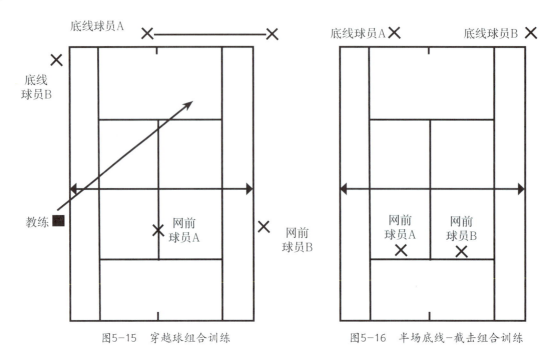

图5-15　穿越球组合训练　　　　　图5-16　半场底线-截击组合训练

（三）截击对截击组合训练 — 中场截击

当达到较高水平时，截击对截击的训练将非常有效。由于双方球员都占用半片场地，不允许挑高球，强调双方球员向前移动，试图让对手从低于网高的位置击球。（图5-17）

注意：此项训练需与实战密切结合。

（四）发球上网—截击组合训练

（1）球员B发球，教练从A处模拟接发球。

（2）球员B发球后上网，教练A送球。教练A要根据球员发球的线路，从正手位或反手位送球。

（3）球员B像在比赛中一样发球上网—截击。

目标：让球员B大量练习发球后的第一截击和随后的第二截击。然后球员B应把上网—截击运用到比赛实战中。（图5-18）

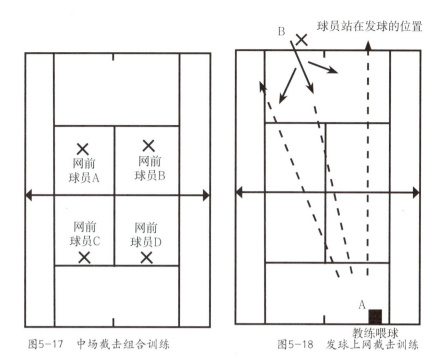

图5-17　中场截击组合训练　　　　图5-18　发球上网截击训练

二、高压球训练

（一）准确性训练

教练向网前球员连续送高球。球员使用高压依次将球击向场地上目标区域（阴影位置）球员必须用最少的次数，把球击到场地上的各个区域。（图5-19）

（二）组合训练

教练送进攻球至底线，使球员感到压力，并移动至单打线之外，击出防守挑高球后组合训练开始。教练送球后，底线球员只能挑高球（教练需确保这是球员根据送球质量所必须采取的策略）。网前球员进行高压。在一个球结束后轮换底线或网前的球员。可以组与组之间计分（底线组和网前组）或个人之间计分。（图5-20）

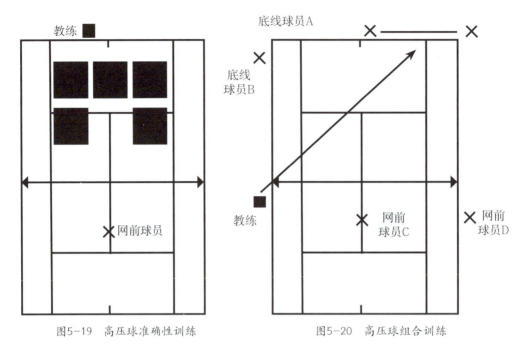

图5-19　高压球准确性训练　　　　　图5-20　高压球组合训练

三、网前组合训练

（一）全场底线—截击组合练习

底线球员待球落地弹起后送向场地对面的网前球员，开始底线—截击组合练习。从底线球员挑出一个高球后开始计分，计分除单打规则外，规定网前球员一旦让球落地便失分。在底线球员挑出第一个高球前，得分、失分都不计算在内（除非有球在网前球员一方落地）。底线球员强调尽可能地阻止网前球员向前，所以最初的高球非常有效。网前球员强调使用分腿垫步保持平衡，向前移动—低球截击，后退—高压球。（图5-21）

底线—截击组合练习

（二）半场底线击球—截击组合训练（可挑高球）

网前球员将球落地弹起后送向在底线的球员。当底线球员成功地把球回击至网前球员后开始计分，之后便可以挑高球。由于双方球员都只占半场，强调底线球员尽可能阻止网前球员向前，可适时使用进攻或防守高球。网前球员强调从发球线位置不断前移，分腿垫步保持平衡，同时在适宜的场地位置，有效地使用截击和高压球技术。双方比赛，一方达到七分后轮换。（图5-22）

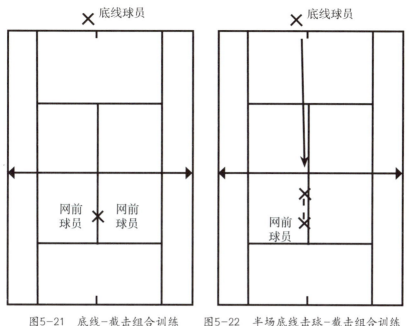

图5-21　底线-截击组合训练　　图5-22　半场底线击球-截击组合训练

四、网前组合训练—决策

（一）网前截击和底线穿越的战术选择训练

底线和网前的球员都有机会尝试有关战术策略/击球的选择。

● **网前球员**

（1）教练在球落地后送向网前球员的正手位，使球员在低于球网处击球。反手同前。训练球员根据击球的高度选择截击线路。

（2）重复练习高点截击。

（3）当击球点较低时选择截击直线，当击球点较高时选择截击斜线。教练不断重复送出两种球，使球员提高击球的决策意识。首先教练只送低于网的球，接着只送高于网的球。之后教练的送球依次交替高球和低球。接着教练随机送出包括正反截击和不同高度的球。（图5-23）

● **底线球员**

（1）教练将落地球送向底线附近A区域。训练球员根据教练送球的深度合理选择穿越球的线路是直线还是斜线。

（2）同前，教练把球送向B区域。

（3）当球靠近底线时（A区域）穿越球选择直线，当球在B区域时穿越球可选择直线或斜线。教练不断重复送出两种球，使球员增强根据来球迅速决策的意识。教练先是只送一种选择的球，之后送另一种选择的球，接着随机送球。（图5-24）

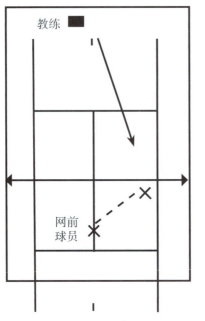

图5-23　网前组合训练-截击决策　　　图5-24　底线回球决策训练

（二）网前训练——意识，球的落点

● **概述**

球员在网前X的位置。教练向球员依次送出7个不同类型的网前球。首先送向球员的正手位，然后用同样的次序把球送向反手位。如果球员出现失误就重复上一项练习。（图5-25）

● **顺序**

第一球：截击深直线

第二球：截击放小球

第三球：截击斜线

第四球：截击小斜线

第五球：中场高压

第六球：头顶高压

第七球：弧线球

图5-25　多类型网前训练

● **目标和意义——教练讲话：**

第一球：训练截击的持续性。在遇到麻烦的情况下，截击深直线可帮助你与底线球员相持。

第二球：使用截击放小球，特别是在击球的位置特别舒服，或击球点低于网高，或对手站位在底线之后。

第三球：这是一个简单的制胜球，把球截击至发球线区域内，同时靠近斜线边线的位置。

第四球：小斜线截击，特别用于当你接到一个低球时。记住以角度取胜，此项击球并不需要球的深度和速度。

第五球：当在高截击和高压之间的位置击球，应该使用挥拍截击或是半高压（手腕高压，并不是完全高压）。

第六球：使用头顶高压，你看起来有个很好的得分机会。

第七球：采用反手握拍正手击球，击球线路呈弧线。

（三）网前训练——意识，制胜

概述

训练开始于教练向球员发球1。球员接发球后，教练送两个底线球2和3，接着给出一个容易的截击4或是容易的高球5让球员击出制胜球。训练可以是在回合中进行，当球员的回球很深并站位在场地中间，教练可以给球员制造出一个制胜球的机会。（图5-26）

目标和意义——教练讲话：

"让接发球成为组合的一部分。"保持你的击球的深度或是大角度。当你遇到一个简单球，大胆截击或头顶高压。记住，你并不想打两次制胜球，一次就足够了。你必须努力争取简单球，并用简单的方式回击到对手的场地。

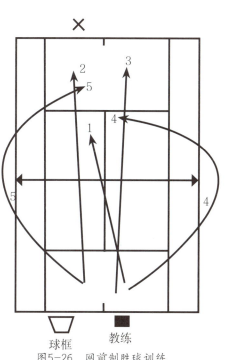

图5-26 网前制胜球训练

网前练习　　　　　　　　高压球练习

思考题

1 正手截击与反手截击发力方式有什么不同？

2.影响截击技术稳定性的因素有哪些？

3 当球近身时如何截击？

4.高压球技术与发球技术动作上的主要区别是什么？

第六章
其他击球技术

○ 本章概要

1.了解特殊击球技术的种类与特点。

2.重视特殊击球技术与底线击球技术之间的异同。

3.学习特殊击球技术的训练方法与组织形式。

第一节　随球上网

随球上网是球员在中场进攻后顺势向前移动，占据网前有利位置。此技术用于进攻在发球线附近的中场球。球员必须把球打向对手场地的深区给对手施加压力。球员倾向于使用侧滑步随球上网，这样可以很好地保持身体平衡，使向前移动更加的流畅。

直线随球上网能让球员以最短的路径来到网前，减小对手的穿越角度。斜线随球上网的时机，是当对手大范围奔跑时或是击球的方向正好是对手较弱一侧时。一个低质量的斜线随球上网，很容易被对手打出穿越球，特别是针对直线大空当的穿越球。

球员需要通过观察对手击球瞬间的动作，预测来球的速度、方向和旋转，并快速地向中场移动。

一、正手随球上网技术要点

（一）握拍

与底线正手击球相同，使用半西方式握拍或西方式握拍。使用削球随球上网对付低而快的来球，可采用大陆式或东方式握拍。

正手随球上网

（二）准备与引拍

- 使用快速小碎步准备。
- 肩和躯干转至基本侧对球网。
- 与正手击球相似，但后摆幅度更小。
- 绕环式后摆动作需更简洁。

⭕ 直线上网

对于单打比赛来说，及时到达网前的有利位置是网前成功的关键，直线随球上网击球通常是球员来到网前有利位置的最短路线。如果从同样的位置打斜线上网，要求你移动更长的距离才能到达一个好的位置，这使你很容易受到直线穿越球的攻击。

（三）前挥与击球

● 击球点在身体前，腰与肩之间的高度最为适宜，如果可以可在球弹起的最高点击球。

● 身体随着击球方向前移，并向上伸展。

● 击球时球拍加速，上旋球的球拍轨迹由低到高，而平击球的球拍轨迹更接近水平。

● 与平击球相比，上旋球的击球拍面略微关闭。

● 上旋球击球时拍头低于手腕。

（四）随挥

● 球拍逐渐减速。

● 挥拍轨迹向上。

● 球员继续大步向网前移动，然后一个分腿垫步准备网前截击。

正手随球上网技术动作见图6-1。

图6-1　正手随球上网

二、反手削球随球上网技术要点

反手削球常带有下旋，会使球反弹很低地滑过地面，在快速的球场使用会非常有效。削球随球上网被视为一项带有控制性的进攻。

（一）握拍

大陆式或东方式反手握拍。

反手削球随球上网

（二）准备与引拍

● 与反手切削球相同，不同的是球员需要随球前移。

● 面向来球小步调整。

（三）前挥与击球

● 与反手切削球相似，更强调侧身——良好的转肩。

● 直接向上后摆，然后由高到低——挥拍速度并不需要像上旋击球那么快。

● 击球点晚于上旋击球，拍面略微打开，击球时拍头高于手腕。

● 击球时手臂略微弯曲，然后伸直以产生击球动力。

● 随球跟进也将产生持续的动力，切削可对击球施加控制。

反拍削球随球上网技术动作见图6-2。

图6-2　反手削球随球上网

后交叉步

采用后交叉步上网模式，你能在上网过程中更快地移动，利用向前的惯性完成击球，这种步法模式对于下旋上网非常有效。

（四）随挥

● 重心降低。

● 球拍加速。

● 球拍轨迹首先降低，然后向上。

● 继续大步移动至网前，然后分腿垫步准备截击。

三、双手反拍随球上网技术要点

此技术是在球的上升期击球，击球节奏非常快，属于进攻性随球上网，很有可能击出制胜球。（图6-3）

（一）握拍

东方式反手握拍。

双手反拍随球上网

（二）准备与引拍

● 小碎步准备。

● 肩和躯干转动，身体侧对球网。

● 与反手底线击球相似。

● 后摆绕环简短。

图6-3　双手反拍随球上网

○ 多样化

你的击球越快，对手可能就回得越快，而且很容易打到你的脚下。所以力量并不是成功的全部，还需要各种旋转的变化，甚至是放慢上网的节奏，使你有机会来到更靠近网前的位置。你必须使对手陷入猜测与困惑，不得不琢磨你下一个打什么类型的球。

（三）前挥与击球

● 由低到高的挥拍轨迹。
● 击球点在前面——上旋球的击球点在前脚之前。
● 身体随球跟进。

（四）随挥

● 球拍逐渐减速。
● 挥拍轨迹向上。
● 继续大步向网前移动，然后分腿垫步准备网前截击。

四、随球上网常用训练方法

（一）底线回合—随球上网

双方球员在底线后打回合球。其中一个球员接到一个在发球线附近的短球，必须击球后随球上网（球员必须做决定使用何种方式随球上网），向前移动至网前，分腿垫步，网前截击。直到结束这一分，双方回至底线重复随球上网练习。

（二）接二发随球上网

一个球员二发，接发球球员必须使用适宜的方式接发球随球上网（球员必须做决定使用何种方式随球上网），向前移动至网前，分腿垫步，网前截击。直到结束这一分。几个随球上网练习后双方球员交换练习。

（三）随球上网训练：直线，回击穿越球

● **概述**

教练向球员发球1。球员从接发球开始练习。教练送两个底线球2和3。然后送一个短的，靠边线的简单球4或5。

球员击球至底线后随球上网。教练要求球员的击球线路交替4和5。

球员击球4直线至区域A然后随球上网来到区域C，把教练送的穿越球截击至场地空当区域X。

球员击球5直线至区域B然后随球上网来到区域D，把教练送的穿越球截击至场地空区当域Y。

加上回合训练，教练可移至区域A或B后面（球员直线随球上网球位置）回穿越球给随球

上网的球员。

教练挑出一个高球，球员高压结束练习。（图6-4）

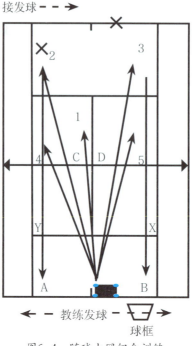

图6-4　随球上网组合训练

● **目标和比赛意识**

教练讲话： "短的，靠近边线的一个简单球最好是直线随球上网。"直线随球上网从几何与战术的角度看更容易封住穿越球的角度。如果打斜线球，那必须是制胜，否则给对手留出了几乎3/4的场地打穿越球。

当防守对手穿越时，必须根据你的随球上网击球质量快速做出决定。如果你的随球上网击球压迫到了对手，就停在可能回球的角度中间（你将有机会接到大部分的来球）。如果你的随球上网击球质量不高，就用你的预判能力猜测，向对手最可能回球的一侧移动。另一个选择是，如果你的随球上网击球较软，可以提前很明显地跑向一侧（假），然后迅速回到对手很有可能回球的场地另一侧。

（四）随球上网训练：在弱侧，回击穿越球

● **概述**

教练向球员发球1。球员从接发球开始训练。教练送两个底线球2和3之后送一个中场简单球4。球员击球至对手"弱"侧（区域A），随球上网（X位置），然后截击至区域C。

在训练中加入回合，教练移动至区域A后面（一旦他送出了短球后）接着向场地另一侧击出穿越球。教练挑出一个高球，球员高压结束练习。（图6-5）

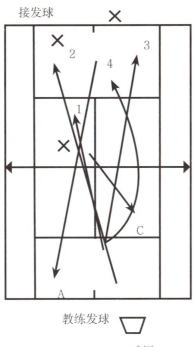

图6-5　回击弱侧-截击穿越球

● **目标和比赛意识**

教练讲话： "大多数球员都有较弱的一侧，找到它并发起进攻。"当你随球上网时，要把球击至场地深区。当你有一个得分的截击机会时，要以角度取胜。当你决定击球后随球上网时，你必须决定是用截击还是用高压结束这一分。

所以并不是必须在随球上网时就置对手于死地。只需要在随球上网时压迫到对手，然后上网以一个小角度球来制胜。可使用一到两个小骗局，随球上网击球至一侧，网前截击到另一侧。

● **回击穿越球**

球员随球上网击球，快速向前移动至对手最有可能穿越球角度的中间。当教练刚要打穿越球时，球员分腿垫步（如果一直在向前移动）可有效地帮助球员向下一次击球移动。

如果穿越球非常快，鼓励球员尽可能使用控制性击球，要么推深，要么放小球。

如果穿越球很舒服（较为容易）鼓励球员靠近球网大角度截击。

如果来球较慢同时很高，你有足够的时间向前，可在跑动中截击，你甚至可以凌空抽球。这是一个快速的随球上网击球，需要在合适的时间分腿垫步，手腕固定，截击简洁。

第二节　穿越球

穿越球通常是以一个精彩的方式结束回合。当对手来到网前时，球员必须准备击出一记过网低且精确的制胜球。大部分的穿越球必须在大范围跑动中完成，所以球员必须很好地维持头部与上体的动态平衡。

一、穿越球技术要点

（一）握拍

与正反手底线击球相同。

（二）准备与引拍

● 与正反手底线击球相同。
● 尽可能提前准备，保持良好平衡。

（三）前挥与击球

● 穿越球使用上旋击球会更有效。
● 上旋球可越过球网，迅速下落。
● 挥拍形式与正反手底线击球相同。
● 如果是打斜线，击球点要比打直线更提前。
● 拍头加速击球。

（四）随挥

● 球拍轨迹与底线击球相似。
● 球拍减速。
● 随挥取决于击球的方向和旋转的类型。
穿越球技术动作见图6-6。

图6-6　穿越球

○ 组合穿越

当对手来到网前时，如果球员总是想一击制胜，直接打出精彩绝伦的穿越球，那么很容易出现失误。如果球员的穿越球是一个有计划的组合形式，那么情况就大不一样了。通常第一拍穿越球可以选择过网较低的小斜线，目的不是直接得分，而是让对手失去场上有利位置，为第二拍穿越得分创造机会。

二、穿越球技术训练方法

（一）短球随球上网

两个球员打底线回合，一旦一方回球出现短球，另一方球员击球后随球上网，练习穿越球。两名球员重复练习。

（二）穿越网前球员

一个球员发球然后上网截击，另一个球员必须回击穿越球。发球球员变换一发、二发，完成几次穿越练习后，双方球员交换练习。

（三）穿越训练：击球选择

● 概述

教练从场地发球线中点位置，大概在发球线与球网一半的位置开始送球。球员从底线后开始，准备左右跑动击球。

教练选择：教练送球至区域A，然后上网站在场地位置（a），即球员可打出的穿越球角度的中间。球员在跑动中击穿越球（直线要求速度，斜线要求角度或者挑高球）。教练送球

到区域B，球员选择击直线球、斜线球或挑高球。（图6-7）

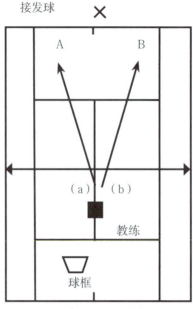

图6-7　穿越球击球选择训练

● 目标与比赛意识

教练讲话： "当你准备击球时就要想好把球击到哪里。"打直线球要带有速度，直线击球如果太慢你的对手就有时间做出反应，甚至直接截击出制胜分。打斜线，击球要柔和并落入发球区内。如果穿越球过斜，球容易被打到双打线区域而失误。如果你并不擅于打穿越球，高球将是一个很好的选择，因为你的对手两个截击之间的准备时间很短，一个高质量的挑高球可以使对手失去重心。

（四）穿越训练：穿越线路

● 概述

教练在球场中间靠近球网的位置开始送球。球员在底线后中间的位置。教练连续向球员正手送三个球。

第一个球1球员打直线到区域A。

第二个球2球员打斜线至区域B。

第三个球3球员挑高球过教练头顶至后场。

如果球员出现失误，教练重复上一次送球，球员再次击球。在反手位重复此项训练，击球顺序与正手位相同，直线，斜线，高球。（图6-8）

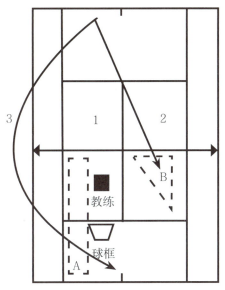

图6-8　穿越球线路训练

● **目标与比赛意识**

教练讲话： "当你打穿越球时需要有一个具体的目标区域。"打直线，你的目标是一个方形场地的边线全长。（虚线部分，区域A）。打斜线，你的目标是一个三角形（虚线部分，区域B）。第三个选择是挑高球。

打直线球需要更多的速度，你有边线全长作为目标。打斜线需要更强的技术性，过网急坠或削球至三角区，击球不够柔和将容易出现失误。打穿越球需要你迅速地跑动，通常把边线作为目标击球效果会更好，你需要冒着非常大的风险打出速度快的压线球。

当对手有很强的截击能力时，你需要提高穿越球的速度，并把穿越球的目标设定为更靠近边线的位置。

第三节　放小球

放小球是一项容易被忽视，但非常有效的技术，这种击球刚刚过网并带有下旋，通常带有很强的隐蔽性。当对手被拉到场外或失去重心时，出其不意地放小球将非常有效。高质量的放小球可能会直接得分，或者逼迫对手被动来到网前。

正手放小球技术教学

反手放小球技术教学

一、放小球技术要点

（一）握拍

与正反手底线击球相似，使用东方式或大陆式握拍。

（二）准备与引拍阶段

● 站位在场内时可使用放小球技术。
● 使用与正反手底线击球相同的引拍方式，加强放小球的隐蔽性。

（三）前挥与击球阶段

● 与底线切削球相似，触球时球拍减速。
● 减少力量，增加更多的控制，球拍轨迹向下施加给球更多的下旋。
● 拍面打开，手腕放松，柔和触球，把球的速度吸掉。

（四）随挥阶段

● 随挥非常简短，通常在腰部高度结束。
● 手腕和前臂同时转动，拍面上翻。
● 身体必须保持平衡。

放小球技术动作见图6-9。

图6-9　放小球

○ 伪装

放小球与切削深球混合使用，可以很好地欺骗对手。从引拍到随挥，放小球与切削深球的动作几乎相同，唯一不同的是力量的调整与拍面稍微打开以便产生旋转，而不是球的深度。另外利用对手对于距离感的错误判断，朝向对手方向放小球可以进一步达到欺骗的效果。

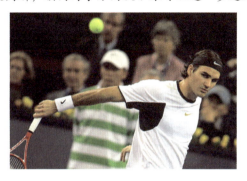

二、放小球技术训练方法

（一）发球线放小球

双方球员站在发球线，用适当的方式放小球回击，练习正反手放小球。

（二）底线内放小球

一个球员从底线向对方深区击球，另一个球员站在底线内练习放小球，正反手都要练习。

网前反手放小球

（三）接二发球—放小球

一个球员发二发球，另一个球员练习放小球，正反手都要练习。

（四）半场放小球对练

球员站在两边场地打直线。球员A与C和E打，球员B与D和F打。

教练送两个浅球给球员C和D，他们向前移动练习放小球。当球员C和D球拍触球时，球员A和B马上向前冲追赶小球。然后完成这一分球。（图6-10）

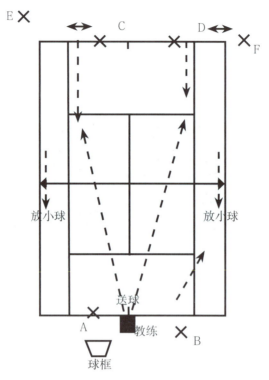

图6-10 半场放小球对练

第四节 挑高球

在网球比赛中挑高球可能会被视为低级别、低使用率的技术。然而它在适当的时候使用却是十分有效和安全的。根据战术需要挑高球技术可分为进攻性和防守性。

正手上旋挑高球技术教学

反手上旋挑高球技术教学

一、防守性挑高球技术要点

通常以一个切削或平击高球，防止对手从贴近网的位置高点截击制胜。高球可以让球员有更多时间回到场地上的有利位置，同时让对手离开球网。防守性挑高球的落点应该靠近对手的底线。

（一）握拍

与底线击球相同，握紧球拍，固定手腕，以便对防守性挑高球加以控制。

（二）准备与引拍阶段

● 转体侧对来球。

● 像底线击球一样，球拍后摆。

（三）前挥与击球阶段

● 后摆减慢，开始前挥时重心从后脚转移到前脚。

● 球拍进入击球区必须低于来球高度。

● 击球前拍面打开击球的底部。

● 球在身体前，击球点与前脚成一条直线。

（四）随挥阶段

● 球拍将球向上托起，球走直线尽可能远地飞行。

● 前腿逐渐伸直，身体抬起，充分随挥。

● 球拍结束位置高于头，在身体之前。

防守性挑高球技术动作见图6-11。

反手防守性挑高球　　　正手防守性挑高球

图6-11　防守性挑高球

○环境

挑高球需要良好手感和对球的控制，球员需要充分利用好场上一切可能影响比赛的因素，并把这些因素变为自己的优势。例如，在刮风时或太阳在正空中时挑高球会变得非常的有效。

二、防守性挑高球常用训练方法

（一）防守性挑高球回位

一个球员在网前截击，另一个球员在底线抽击。网前截击要求深度和角度，压迫底线球员挑出防守性高球，底线球员挑高球后迅速回位。

（二）挑高球越过随球上网球员

发球球员一发后冲向网前，接发球球员挑出高而深的球至对手身后。

（三）挑高球越过网前球员

教练送四个深区球给底线球员A，一区、二区轮换。球员A练习挑防守高球越过网前球员B的头，球员B练习转身向后追落地高球。（图6-12）

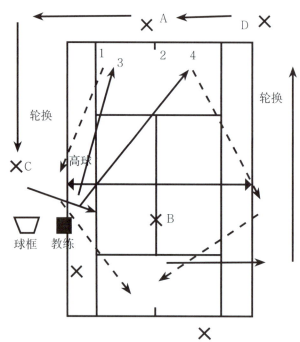

图6-12　挑高球越过网前球员

三、进攻性挑高球技术要点

挑高球要有足够的高度越过对手。通常带有上旋作为进攻的有效武器，强有力的上旋球下降速度很快，落地后快速地反弹远离对手。双手反拍上旋高球非常有效，它容易隐蔽挑高球意图至最后时刻。

（一）握拍

与底线上旋击球相同。

（二）准备与引拍阶段

与底线上旋击球相同。

（三）挥拍与击球阶段

- 后摆结束时球拍位置低于来球，拍面关闭。
- 屈膝，重心向后脚转移，开始前挥时，后腿向上蹬。
- 球拍以雨刷形式快速摩擦球，向上的幅度更大，以便对球施加旋转。
- 在身体前击球，球拍与网平行。
- 手腕放松，使拍头更好地加速。

（四）随挥阶段

- 球拍将球向上托起，球朝向直线尽可能远地飞行。
- 前腿逐渐伸直，身体抬起，充分随挥。
- 球拍结束位置高于头部并在身体之前。

进攻性挑高球技术动作见图6-13。

正手进攻性挑高球　　反手进攻性挑高球

图6-13　进攻性挑高球

⭕ "刷球"

上旋挑高球需要非常快的拍头速度以及对于击球时机的准确把握。注意拍面应该像汽车雨刷器一样通过击球区域。当球拍前挥准备击球时，拍头仍然要处在非常低的位置，但在击球前的最后时刻，拍头加速向上产生有力的"刷球"动作。

四、进攻性挑高球常用训练方法

（一）进攻性挑高球越过截击球员

一个球员在网前截击，另一个球员在底线击球。底线球员适时地挑出上旋高球，高过截击球员伸展球拍的高度。

（二）接发球 — 进攻性挑高球

球员二发后立刻冲向网前，接发球球员挑出上旋高球至发球球员身后。

教练向底线球员A送四个舒服的球，一区二区轮换。球员A练习击出进攻性高球，越过网前球员B。球员B练习转身向后追赶落地高球。（图6-14）

· 148 ·

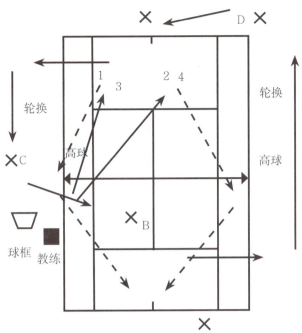

图6-14　接发球-进攻性挑高球

第五节　紧急击球

高水平球员都曾有过许多令人叹为观止的击球。他们可以在身体失去平衡或背对球网的情况下紧急击球。球员训练这类击球时会很有乐趣，然而需要记住的是，这是在紧急情况下才不得已才使用的技术。

一、背对球网胯下击球

● 球员位于能够把球从胯下击出的位置。

● 球拍后摆高于头部，然后向下至击球区形成一个钟摆运动。

● 球员必须在球两跳前于脚腕高度击球。

● 手腕必须非常放松。

● 随挥在两腿之间，简短地向上。

● 球员有时会向上跳起击球。（图6-15）

图6-15　胯下击球

二、背对球网一侧击球

● 球位于球员正手侧。

● 引拍，球拍高于头，然后向下至击球区形成一个钟摆运动。

● 球员必须在球两跳前于膝部高度击球。

● 手腕必须非常放松。

● 随挥在身体一侧，简短地向上。（图6-16）

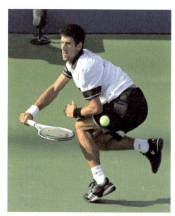

图6-16 背对球网一侧击球

三、背对球网，高于肩部击球

● 球位于球员反手侧肩部位置。

● 球拍后摆在腰高位置，然后向上至击球区。

● 球员必须在球两跳于前头部高度击球，或者更高点击球。

● 手腕必须非常放松。

● 随挥在击球点一侧简短向下。（图6-17）

图6-17 背对球网—高于肩部击球

○ 思考题

1. 如何合理运用随球上网技术？

2. 放小球技术要点有哪些？

3. 两种挑高球技术动作的主要区别是什么？

4. 高质量的穿越球有什么特点？

第七章　网球战术

○ 本章概要

1. 了解网球比赛战术分析方法。
2. 掌握五种比赛情况使用的战术。
3. 认识双打站位的重要性。

第一节　单打战术

对于每一个战术来说都会有一个应对策略——如果一个球员想要在比赛中自如地应对各种战术，他自身必须非常的全面。现代网球比赛呈现出多样化，多样化主要体现在不同的场地类型和天气的变化，这些因素都会对球员的打法产生影响。了解不同打法的优劣势，有助于提高球员对战术的理解和运用的能力。

球员一旦确定了打法，例如底线进攻型、底线防守型、发球上网型或者全场型，就应该开始从战术上考虑比赛中五种情况的应对策略，例如发球、接发球、双方都在底线、上网或对手上网。球员必须在场上善于思考，这可以帮助他们在技术并不占优的情况下仍然有机会获得比赛的胜利。

一、了解不同类型的打法

现代网球比赛的一个独特之处在于球员之间的打法都很接近。基本打法风格可分为四类，四类打法都有各自的利弊，球员对于打法的选择主要取决于自己的体能、技术特点及善长的场地类型等。

（一）发球上网型/网前型

此类球员通常具有良好的网前意识和身体能力，他们十分注重击球的压迫性，尽可能地压迫对手后择机上网截击，通常善于在快速场地上比赛。

这类球员打球经常 "虚张声势"，他们希望通过施加持续的压力造成对手的恐慌，使其失去有效位置。对付此类球员的方法是确保尽可能多地把对手的一发回进场地，迫使对手在底线多次回球。当穿越球不奏效时，可以混合使用过网急坠和上旋高球，或者可以先使击球尽可能低的过网，然后准备第二次的穿越。

（二）底线进攻型

塞蕾娜·威廉姆斯是以典型的底线进攻打法为主的球员。这类球员在比赛的大多数时间站在底线附近，善于击球的上升点。他们的后摆通常更简短，通过躯干转动释放出更快的拍头速度。此类球员接发球时同样能对发球球员造成威胁，通常能在底线击球过程中占据主动。他们同样掌握良好的随球上网技术，为轻松地网前截击球创造条件。这类打法通常在任何场地使用都非常有效。

面对这类打法，你必须准备大量的跑动和不停地变换击球节奏，使回球更高并带有更多的上旋，这可以防止对手轻易地进攻得分。把球回向场地中路同样可以防止对手轻易找到制胜的角度，同时你的发球也应更多地发向对手的中路。

（三）防守型/防守反击型

穆雷是此类打法球员的杰出代表。首先这类球员非常善于奔跑，而且内心足够强大到可以拖垮对手。这类球员通常站在底线后更远的位置，且并不急于抢占比赛的主动权。他们喜欢击出强力的上旋球以便延长回合时间。他们善于等待具体的击球目标，当对手有向前逼近的想法时，这类球员经常能击出大量的穿越球或上旋高球。慢速球场是此类球员所善长的。

应对此类球员，你必须寻找进攻的时机，但这样的机会往往很难在前几个回合轻易出现。你的站位应该保持在靠近底线的位置，这将有助于扩大进攻的机会。你不应该惧怕中场进攻后随球上网，并在网前寻找放小球的机会。把球打到对手的身后同样是一种非常有效的手段。此类球员的发球速度通常不会太快，因此你应该向他的二发施加更多的压力。

（四）全场型

从技术方面看，全场型选手的单项技术往往不是最优的，但都接近于最优。这就像是费德勒或海宁。费德勒的发球可能并不是最好的，但接近于最好，而他的底线技术和网前技术也同样如此——可能不是世界上最好的，但是属于世界前列！海宁的底线击球技术接近世界最好，这就是两位球员在各类场地都能获得冠军的原因。

这类球员很难对付，因为他们的弱点少。不要感到恐惧，重要的是努力提升自己的击球质量。你应该打出自己的风格，让全场型打法的对手没办法产生威慑力，因为全场型球员经常能等到对手自我崩溃。

二、五种场上比赛情况使用的战术

（一）发球

良好的发球可迫使对手的接发球质量下降，之后再配合底线击球连续压迫或者上网截击往往能收到良好的效果，费德勒就是此战术的一个典范。

1. 第一发球

对于一发来说并没有一种固定的方式，左手持拍球员大多善于使用侧旋外角发球发向对手的反手。右手持拍球员与左手持拍球员相比应该注意侧旋发球的运用，以增加发球的变化。一个身材高大的球员由于在发球的轨迹上占据优势，可以发更多的平击球。比赛的场地类型也会对一发的选择产生影响。例如，在快速草场以一个外角发球发向右手持拍球员的正手，效果要比在慢速红土场好得多。

┌─────────────────────────────
│ 发球要点
│ ● 从一分的一开始便占据主动。
│ ● 变换发球的落点，旋转和速度。
│ ● 在整个比赛过程中，保持高质量
│   的一发和二发。
└─────────────────────────────

通常优秀的发球上网型球员，都善于使用快速的侧上旋发球作为在所有类型球场比赛的有力武器。这种发球可以有更多的时间来到网前有利位置，使网前技术得以充分地发挥。

2. 第二发球

球员的发球水平主要取决于二发，很多球员有出色的一发，但是冠军往往还有出色的二发。由于比赛的战术往往都是围绕发球展开的，所以对于一发和二发的训练应该同样重视。在男子比赛中，有的时候选手第二发球得分率比第一发球得分率要高。在女子比赛中，选手同样可以利用二发在旋转和速度上的变化压迫对手，重新占据场上主动。

（二）接发球

接发球是网球比赛中第二重要的技术。阿加西和莎拉波娃是接发球抢攻的杰出代表，像费德勒和A.拉德万斯卡的接发球偏向保守和稳定。

1. 进攻性接发球

进攻性接发球是底线进攻型打法球员的主要特点，这类球员往往在每分球的一开始就争取主动。他们的接发球站位必须靠近底线，后摆相对简短，击球并不需要大量的上旋。重要的是利用尽可能快节奏的回击给对手施加压力，不让发球球员轻易占据场上主动。

当对手一发时，进攻性接发球球员通常会根据对手抛球的位置预测发球的方向。直接回向场地中路的接发球往往非常有效，特别是当对手发球上网时，可以有效地限制对手回球的角度。进攻性接发球球员往往只有遇到大角度外角发球时才会以推挡或切削方式回球。

当接二发时，这类球员的站位更靠前，会尽可能地在上升点击球，这样做可以获得最大的击球角度并降低失误风险。如果对手发球上网，可以在对手占据有利位置之前把球打到他的脚下。进攻性接发球球员更适合中快速球场。

2. 防守性接发球

与底线防守型打法一样，这类球员应该站在距离底线后较远的位置，需要配合打出强烈的上旋球，以便赢得更多回位的时间。

这类球员的战术目标是尽可能地增加对手击球的次数，并根据对手所处的场地位置选择击球的线路和方式。如果发球球员站位靠后，接发球可以过网较高并带有强烈的旋转，尽可能多地回斜线球。如果对手发球上网，接发球应尽量接到对手的脚下，并实施组合球穿越。

当接对手二发球时，这类球员的接发球站位也应该略微前移，寻找正手侧身攻的机会，

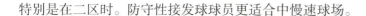

特别是在二区时。防守性接发球球员更适合中慢速球场。

（三）双方都在底线

当双方球员都在底线时，战术目标是控制回合的速度。高水平球员有能力把球的速度保持在可控范围之内，在加快击球速度的同时不至于失去对球的控制。

双方球员都在底线时，球员需要尽快地辨别对手回球的速度、轨迹、旋转，以便判断当前的局面是处于相持、进攻还是防守。

1. 相持

比赛中相持被定义为双方球员都没能占据场上主动，此阶段球员需要有足够的耐心，保持击球的稳定性。球员在相持时通常以过网较高的斜线球为主。

2. 进攻

在进攻时球员需要移动到底线内的位置，以减少击球失误的风险。在这种情况下应该尽量使用自己最善长的击球方式。必须让对手在心理上产生恐惧——一旦出现浅球就非常危险。

3. 防守

当今的优秀球员在善长进攻的同时防守能力也非常出色，例如德约科维奇和纳达尔。在防守时正确的思维方式非常重要，一个有充分准备的球员永远不会轻易地让出一分，会想尽任何办法保住一分，这时候高质量的防守性高球会非常有效。

● 阅读比赛能力

● 一旦球员具备阅读比赛的能力，便可以较早地洞察到比赛局势上是处于相持、进攻还是防守，之后再有针对性地采用具体的战术。例如，对手的正手击球非常强势，球员可以将球出其不意地回到对手的优势侧，制造出对手弱侧空当并发起进攻。

● 通常一个底线攻击力很强的球员在网前容易出现弱点，所以可以利用放小球或小斜线把对手调动到网前。也可以根据握拍判断对手的优劣势。如西方握拍的球员在高点击球会很舒服，但是并不善于在低点打球。

● 最后，球员要根据不同类型的场地调整比赛思维。正手强力的上旋球更适合于在红土场底线相持的情况下使用，相对简短的后摆方式加上击球轨迹较低更适合在温布尔顿的快速草场使用。

（四）网前或随球上网

优秀的网前球员必须具备过硬的截击球和高压球技术，并能把技术有效地运用到实战之中。一个球员想要经常性地来到网前，需要对球场有良好的空间感和预判能力，不能只是一味地等待机会的出现，必须有意识地创造机会。

1. 随球上网

想要有随球上网的机会，你的回球落点必须很深，才能迫使对手出现浅球。优秀的球员将会根据自己的上一次的击球质量，判断下一个来球是否有可能出现机会，利用底线击球大角度调动对手后的截击偷袭，将会产生出其不意的效果。球员想要成功地运用此战术，必须在靠近底线的位置击球。

打直线随球上网在大多数情况下会是一个最为安全的选择，与打斜线球后随球上网相比，更便于球员快速占据网前的有利位置。打斜线后随球上网，经常会遭遇到穿越球或上旋球的攻击，所以使用时需谨慎。

2. 中场过渡

当你决定要上网时，前面的几步需要快而有力——在分腿垫步之前尽可能地靠近网前有利位置。球员的动作看起来要积极主动并充满信心。上网是一个攻击性战术，球员必须根据实际情况采取相应策略。高截击是很好的攻击机会，可以选择打出斜线球得分。低截击应把球直线推深到底线，施加压迫造成对手的失误，或在第二次或第三次截击后找到得分的机会。如果球员网前第三次截击后还是没能得分，就很有可能会丢掉这一分。

3. 网前

很多时候，网前球员在网前会失去对一分球的主动控制，不得不使用预判、本能反应。根据训练、比赛总结的大量经验，观察对手的拍面角度，其实可以发现对手的击球意图。网前球员在网前丢分的最大问题是他们过快地想要靠近网前。优秀球员在截击前总是先观察对手在场上的位置，如果过快地靠近网前，就可能让对手轻易地挑出过头高球，一旦出现这样的情况，网前球员得分机会将非常渺茫。

◯ **网前成功的关键**

● 球员需要在网前占据"不可动摇"的位置。如果位置不佳就不可能充分地发挥截击技术。

● 战术的使用需要考虑到不同类型的场地。例如，在慢速球场，带有强力上旋的中路球随球上网将有效地限制住对手的穿越角度。而在快速球场如草地，截击时多加一些下旋可使球弹跳得更低，加大对手穿越球的难度。

● 网前球员如果没有出色的高压球就很难获得成功。高压球的速度和角度是得分的关键，但是不需要深度。

（五）对手在网前

对于很多球员来说如果网前出现一个具体的目标，在打穿越球的时候会很顺手。对于击球的选择，应该考虑场上的比分、对手网前的能力、场地条件、天气条件等因素。

⬤ 利用条件

要利用一切可能的条件，如太阳、风。在有风的情况下非常容易打出进攻性上旋高球。如果球员是逆风，可以挑出更高的防守性高球，预留出风把球刮回来的距离。在很滑的土场或草场，打回头球会比直接把球打到对手的空当更加的有效。

一般来说，穿越球应保持低过网，使对手由下向上截击。如果球员站在距离底线后较远的位置，可以尝试击出带有角度的过网急坠，或是带有隐蔽性的切削球，然后准备下一拍穿越。如果球员的位置在底线或在底线内，可以尝试直接打出穿越球。

对手的网前水平同样是需要考虑的。如果对手的网前水平很差，你打高风险的穿越球并不明智，这时你可以注意击球的成功率。

球员应该主要观察对手的网前偏好。如果球员击出一个漂亮的穿越球却被对手轻易地回击，那么必须观察对手的网前能力是不是顶尖级水平。这些信息必须储存在球员的大脑中以便在关键分时使用——例如当遇到一个破发点时，一个突然的上旋高球能让你的对手愣在那里。

变化是穿越球成功的关键，球员必须充分地保持平衡战术，经常变换穿越球的角度、速度以及适时地使用高球。另一种对付上网球员的战术是将球快速地打向对手的身体，虽然不一定能直接得分，但可以限制对手的回球角度。

三、击球的概率

如果球员想要经常赢球就必须理解击球的概率。一般来说，击球的概率等同于每次击球的最大成功率。相持过程中为什么要使用上旋球？因为上旋球可以使击球过网幅度更大，而且能让球保持在对手底线安全范围之内。打高风险球的球员，偶尔会有发挥极好的一天，可能会击败比自己水平高很多的对手，但是在随后第二天的比赛可能输给比自己水平低很多的对手。想要成为一名优秀的球员，就需要具备良好的技术、战术、身体素质和心理，以及把控击球的概率。

球员必须根据自己的打法考虑击球的概率。对于底线防守型/防守反击型球员，击球概率意味着要在底线尽可能少犯错误。相持过程中，击球应多加上旋，多打斜线。在关键分时，球员的目标是让对手进入到这样的比赛场景模式。

◯ 如何选择击球的方式

建立一个思维过程可以让你最大可能地获得成功。例如，在一个底线击球前你可能应该思考的问题有：

- 你在场地上的什么位置？
- 你试图打直线球直接得分是不是一个合理的选择？
- 如果不是，那么更好的选择是什么？
- 在你选择击球方式前，是否注意到了你的对手与场地的关系？
- 他们最有可能的回球是什么？

对于底线进攻型球员，击球概率意味着尽可能地减少非受迫性失误。此类球员犯错会比底线防守型球员要多一些，就是由于想打出更多的制胜球。这类打法的优秀球员，击球概率为1个制胜分比1.5～2.5次失误，但是通过向对手施加压力可迫使对手出现更多的失误。

发球上网型球员通常把发球作为击球概率的核心。在关键分时这类球员的发球会多带一点旋转，不管是上旋还是侧旋，大概用80%的力量。发球通常会直接发向对手的身体，这样做可以限制接发球球员的回球角度。更重要的是，在有压力的情况下发中路球，可以提高发球的成功率。有的球员在关键分时想发出ACE球，特别是在二发时，从击球的概率看，这并不是一个好的选择。

全场型球员有出色的技术，会有更多的战术选择，如中场击球后随球上网，试图直接打出制胜分。当遇到低球时，他们的击球相对较深同时保持球的低度，然后再逐渐建立起优势。此类球员总是能很好地利用到场地的各个角度，并把击球的风险降到最低。

四、影响单打战术的其他因素

在所有的运动中，我们都会意识到"场上比赛形式的转化和双方局面的改变"这是关于比赛双方的气势问题，是所有运动项目的共同话题，当然在网球项目中也扮演着重要的角色。

场上和场下的环境都会对球员的表现产生影响。球员必须意识到这些问题，最好是了解如何更好地利用比赛环境从而成为比赛的财富。

（一）比赛的气势

比赛气势源于一系列的成功得分。一系列的得分可以帮助建立持续的场上气势，当比赛气势压倒对手，就很容易保持得分——像是滚石头，很难停下来。

在比赛中更多连续得到三分的球员，往往能获得比赛最后的胜利。相关大量的研究表明，这源自球员来自经验的自信心。重要的是球员在此情景下总是给自己一些积极的暗示，如紧握拳头，像塞蕾娜·威廉姆斯那样，保持较高的唤醒水平。这样积极的暗示会提高球员的动力，这些因素应该成为常规训练的一部分。

（二）环境

环境因素可以使得球员的表现提高，也可能使球员的表现下降。这取决于球员是否会利用环境。大多直接涉及环境问题都与气候相关，像是风、雨或太阳，也有时候可能是比赛的场地和观众。

1. 个人环境

压力与球员的表现有关，球员的压力可能源于家属或团队的期待。球员在比赛前需要一些"空间"，比赛过程中与支持者或教练过多的眼神交流会使得球员分心。要学会如何从支持的团队中获取积极的信息，同时不受多余的干扰。一些球员善于利用对立的环境激励自己，他们在身边没有支持者的情况下更能激发比赛的斗志。这样的环境在进行团体比赛中往往更多出现。

2. 自然环境

室外网球比赛受自然环境影响更多些。例如，中午比赛可能会遇上阳光刺眼的问题，有经验的球员可能会在第一时间意识到这个问题，并马上采取应对措施，他们会在对手抬头眼睛正对太阳的时候使用挑高球战术。

另外一个重要的影响因素是风。顺风时，球员应更靠近场内，可放小球或加强击球的上旋迫使对手在肩高位置击球。在风的作用下对手的回球质量会降低，应把握好更多的网前机会。当球员逆风时，击球应减少上旋，但上旋挑高球在逆风的作用下会使球的下降速度加快。逆风时可以用更多的下旋保持球的低度，放小球变得非常有效。如果风是横向的或其他方向的，球员的注意力应该格外集中地盯住来球，击球前脚步的第二次调整非常必要。这样的条件下要优先考虑击球成功率问题。

3. 场地环境

对于大多数优秀球员来说，与环境问题联系最紧密的是场地本身，球员应该从战术上做出调整。与其他因素相比，场地表面会对球的速度、弹跳和旋转造成很多的影响。

粗糙的表面如土场或新的硬地球场摩擦系数大，球速会减慢，球员应该减少侧旋发球或底线削球的使用，多使用强力的上旋球。慢速球场，球员在击球前必须有正确的思维模式，意识到回合的数量会很多。身体素质方面需要有良好的耐力作为基础。如果是在土场比赛，运用滑步技术将会收获到更好的效果。地面粗糙类的场地，需要确保球鞋质量，以帮助球员在击球后迅速地回位。

室内的中速硬地球场摩擦系数较小，球速相应加快，意味着后摆拉拍要简短。进攻的机会增多，击球时可充分利用球的旋转变化，所有类型的打法都可以实施。

在快速草场，球的弹跳更低、更快，场地对球的摩擦力减小。球员可选用侧旋发球和下旋截击以及随球上网。在此类场地上，球员大部分时间需要保持更低的重心，后摆拉拍更短。应当把球更多地击向场地的空当，而不是对手的身后（回头球）。

○ 热身赛

网球比赛要求选手根据比赛环境变化，迅速做出自我调整。但现实情况是对于情况的适应和调整需要一段时间。所以球员需要根据情况对比赛提前做准备，在重要比赛前可以打3~4场热身赛，让身体、情绪和战术上都能进入状态。

第二节　双打战术

"两个头脑，但是只有一个想法。"这是优秀的双打组合所具备的特点。成功的双打球员必须是团队作战。但有趣的是很多优秀的双打组合，两个球员在很多方面完全不同。其实，双打组合是互补型的会更有优势。右手/左手球员配对的组合就是一种明显的优势互补。这样的组合通常能够应对场上不同的情况，搭档间平衡往往是成功的关键。球员应该清楚自己的优缺点，知道自己可以为搭档带来什么。一个成功的组合，球员了解彼此的不同，在场上一起积极地争取胜利，在场下可能需要更多的个人空间。

与单打比赛的场地相比，双打比赛场地的范围更大，出现的得分机会更多，偶然性变得更大。这些因素让双打比赛更加刺激。

一、双打比赛中的站位

双打中的一些具体的战术已经被成功地运用多年，但有些战术近年来正逐渐消失。双打战术的变化非常多，球员需要充分发挥自己的想象。

（一）一前一后站位

一前一后站位仍然是现代双打最常用的站位方式。从理论上来说你和搭档每人只占半片球场。（图7-1）

发球球员的站位，应该比单打的发球站位离中间的"T"点更远。发球后应尽可能地积极上网，第一截击的位置大约在球网到发球线一半的位置。如果第一截击处在一个较低的位置，应把球回向对方底线球员；如果第一截击处在一个较高的位置，可以击向网前球员或靠近网前球员的位置。发球球员网前搭档的站位大概在发球线与球网之间的位置。当水平提高后，网前球员需要更靠近球场中路一些，以便向对手施加压力。

接发球球员的站位必须根据需要向双打边线靠近。需要注意的是，接发球球员的站位离底线越远，他的站

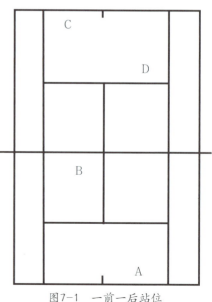

图7-1　一前一后站位

位应越靠近双打边线。接发球方网前球员的站位应刚好在发球线之前，如果搭档的接发球质量高，应马上向前移动，至少要到发球线与球网中间的位置。如果接发球回到单打线与双打线之间的位置，网前球员应该向相同的方向移动。如果接发球回中路，网前的搭档应向前向场地中间移动，寻找抢网的机会。如果接发球质量不高，给了对手一个高点截击，网前球员应该立即向后退，这样移动首先防止被对手打到，第二有更多的反应时间。

● 双打比赛发球

在双打比赛中并不一定要使用大力发球，因为这会让你上网时间不足。有效的双打发球是保证有较高的一发成功率（70%~80%）且发球的落点较深，这将有利于接下来的第一截击。好的双打发球应该善于利用发球的旋转变化，让对手处在不断猜测的状态。

（二）纵向站位

纵向站位又称澳式站位已经运用多年，取名为澳式站位是因为此战术在1950年最先被澳大利亚双打组合使用。在一区时，发球球员和网前的搭档都站位中线的同一侧。发球球员的站位靠近"T"点，他的任务是发球后迅速移动到球场的对侧。运用此战术可以迫使接发球善长打斜线的球员改打直线，让接发球方的网前球员很难抢网得分，并让善长反手击球或反手截击的发球球员在优势侧打到更多的球。（图7-2）

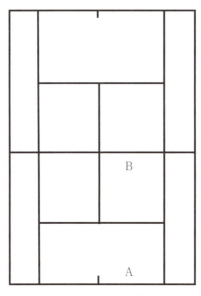

图7-2　纵向站位

（三）"I"形站位

发球球员的搭档站在网前中线的位置，发球球员的站位靠近"T"点。发球球员和搭档在先前就决定好发球后网前的球员的移动方向，发球球员要向相反的方向移动。这要求发球员的搭档必须在网前蹲得很低，因为发球很有可能会从他的头上经过。运用此战术时会让接发球球员犹豫接发球的方向，是斜线还是直线。对于接发球方来说，很难在之前制订计划，因为他们不能确定发球方的计划。由于发球球员和搭档在对手接发球击球前都是在移动当中的，这会使得接发球球员注意力分散，提早把眼睛离开球，造成击球的不稳定。（图7-3）

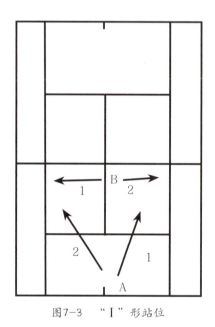

图7-3 "Ⅰ"形站位

（四）剪刀式站位

这种站位方式虽然大多已经转变为 "Ⅰ"形站位，但这种战术依然存在。发球方必须提前计划好移动的方向，发球球员和他在网前搭档站成传统式一前一后站位，但是发球后即刻，网前球员横向移动到场地对侧，同时发球球员也移动到场地对侧。需要注意的是，发球方的网前球员可比平常抢网略微地提早移动，因为他知道他的空位会被搭档弥补。而接发球球员看着发球方网前的球员很早移动，不得不改接直线，或者尝试更大角度的斜线。（图7-4）

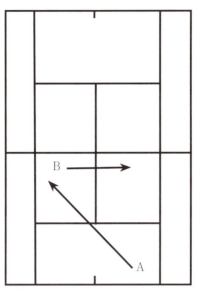

图7-4 剪刀式站位

二、比赛前的准备

双打选手在比赛前，除了常规练习外，还应该了解对手的情况，搜集一些必要的信息。

（一）对手发球

（1）对方的发球弱点在哪里？如何去发现呢？观察他们发球，特别是在像破发点这样的关键分。

（2）你的对手在发球局是否喜欢运用抢网战术？如果是，他们通常会是在一分中的前半段还是后半段抢网？

（3）如果他们使用"I"形站位，网前的球员通常向哪个方向移动？

（4）他们是否喜欢前后站位或剪刀式站位？这说明对手的截击有一侧比另一侧强吗？

（5）当对手发球时，他的搭档是否过于靠近球网？挑高球过头是否是个好的选择？

（二）对手接发球

（1）你的对手更善长接外角发球还是追身发球？

（2）在你发球时，你的搭档是否需要更靠近球网？对手是否会挑高球？

（3）你和搭档是考虑使用战术，如 前后站位或"I"形站位打乱对手接发球的节奏，还是仅仅集中击击对手软弱的接发球？

（4）你的对手接发球是切削还是抽击？如果接发球是切削，你第一发球是使用平击还是上旋更利于你和搭档迅速地来到网前？

（5）如果对手接发球时是一前一后站位，对手的网前球员会在什么样的情况下抢网？

（6）如果对手双底线，我们的第一截击应该打给谁更利于控制场上的局面？

（三）我们的选择

当发现变化时，对你的搭档做出提示。例如当你的搭档发球时，你在网前可能会容易注意到接发球球员站位的变化或是握拍的细微变化，这些变化可能是你发球的搭档没有注意到的。你必须与你的搭档交流你观察到的所有情况。

另一个关键点是，你必须考虑到环境对于比赛的影响。例如：天气条件是必须要考虑的和有效利用的因素。如果一个球员发球的时候风很大，而他只善长发上旋发球，那么发球的效果就会很差。如果你的搭档善长平击发球，在刮风的时候受到的影响就会相对较小。比赛中太阳的位置也是需要注意的，对于左右手组合的双打配对，发球时太阳刺眼的问题就很有必要注意。同时还要注意比赛时间的不同太阳的位置也会发生变化。左右手组合的双打配对必须对发球顺序有所调整，避免球员在阳光刺眼的情况下发球。

三、搭档之间的交流

对于每一对成功的双打组合来说，交流都是关键。首先，每对球员都必须自我分析，了解他们各自的优缺点。之后，他们就能与搭档建立联系，交流他们的喜好以及在比赛中的具体分工。

上场以前，需要问的问题有：

● 你的搭档在失误的时候，更希望你如何回应？

● 在比赛中你的搭档是喜欢经常鼓励还是有时鼓励，还是不鼓励？

● 你和你的搭档善长一发还是二发？

● 你的搭档遇到问题是喜欢寻求帮助还是自己解决？

● 你的搭档是否乐于做战术决策？

（一）语言交流

你的得分或失分意味着整个组合得分或失分，球员在场上是团队作战，必须相互地鼓励才有可能获得最后的胜利；相反，责怪或批评你的搭档在任何时候都会产生不好的结果。

当你的搭档状态不佳，你需要想尽一切办法提升搭档的状态，可以用一些积极的语言，如"没关系，我们下分再加油"。消极的自我谈话会产生负面的影响，加上搭档的抱怨就会产生双倍的负面影响。

当你的搭档表现出紧张时——所有的球员都会有紧张的时候，只是一些球员处理得比另

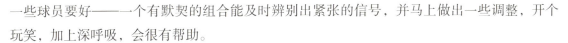

一些球员要好——一个有默契的组合能及时辨别出紧张的信号，并马上做出一些调整，开个玩笑，加上深呼吸，会很有帮助。

在打关键分前，与搭档的交流变得格外的重要。你可以说："加油，你的接发球非常棒。"这有助于你的搭档在关键的接发球时相信自己。同样，"你希望我是上网还在退回底线？"让你的搭档知道不管他如何计划这一分，你都对他有信心。

● 充分利用间歇时间

（1）分与分之间。两分之间有20秒的时间，在这段时间里，球员首先要知道现在的比分，之后与搭档讨论下一分的战术，保持积极的态度和信任，之后走回到准备位置。

（2）换边。最后一分结束后到下一分开始，交换场地有90秒的时间，这段时间里，球员应该先坐下休息，之后与搭档坐在一起进行交流，讨论接下来马上要执行的战术，相互帮助放松或积极地自我谈话，有规律地喝水，确保充足的水分。

（二）非语言交流

身体语言与直接语言交流同样的重要，可以帮助团队形成一个和谐积极的氛围。

例如，不管你的搭档打出一个好球还是坏球，都应该以一个积极的反应表示鼓励。当出现失误时，没有比看到搭档耷拉的肩膀更让人感到泄气的了，这时应保持目光的接触并表现出认同。

有意地与你的搭档一起行动，不仅仅是在比赛过程中，更主要的是在你们换边的时候。组合必须显示出团结一致，暗示出你们仍然在奋战。

● 手势

大部分球员更喜欢进行语言上的交流而不是通过手势交流。实际上，发球方的网前球员在身后使用提前商定好的手势信号，提示他的搭档具体的移动，可以使对手无法察觉。优势在于：在发球前的最后一刻改变战术，可能让你的对手措手不及，特别是在关键分时使用会更有效。

四、混双比赛

前述内容适用于所有的双打比赛，但混双比赛有一些特殊性。混双已经成为了正式的大满贯比赛，霍普曼杯是世界上最为重要的混双赛事。

（一）男球员

在混双比赛中，由于男球员在力量、速度、跑动方面的优势，必须在组合中占据主导地位。男子球员在自己的发球局中，一发命中率要高，当向对方女球员发球时不要手软。如果对手是女球员接发球的话，一区发球多发侧旋或侧上旋外角球。当对手女球员发球时，男球员必须迫使自己努力承担场上更大的面积，在网前要比平时更靠近中线，争取打更多的球。

当男球员接发球时，应给对方女球员造成更大的心理压力。例如，在接对方女球员的发球时站位很靠前，特别当她二发的时候；或者在她搭档二发的时候，直接把球打向她的身体。还可以考虑接对方男球员发球时，向站在网前的女球员挑高球。

（二）女球员

女球员在混双比赛中不要试图和对面男球员拼力量。当她发球时要保证一发的成功率，让搭档放心地站在网前。多发对方女球员的追身球，限制她的回球角度。当发球上网时尽可能将球打向对方的女球员。与常规双打战术相比，更多地运用前后站位和"I"形站位。

女球员大多数在一区接发球，当对方男球员发球时，可以向网前的女球员挑过头高球，当接对方女球员的发球时应注意多打直线，防止网前的男球员过多地抢网。

● 配合默契

在混双比赛中，两个人默契的配合非常重要，如果女球员觉得自己可以完全与男球员相提并论，那通常不会是一个好的搭档。同样，如果男球员认为他一个人就可以完成所有的事情，很有可能会破坏搭档的自信心，导致场上出现更多的空当。混双与常规的双打比赛一样，需要提前与搭档交流个人的想法。

● 思考题

1. 单打比赛中，各种打法的利弊分别是什么？如何选择适合自己的打法？

2. 如何在单打比赛中，从战术上考虑比赛中五种情况的应对策略？

3. 不同双打站位的优缺点分别是什么？

4. 如何选择双打搭档？

第八章
网球体能训练
与损伤康复

○ 本章概要

1.系统地学习网球体能的基本需求特点。

2.根据体能需求特点设计各种身体素质的基本训练方法。

3.学习了解网球运动中常见的运动损伤的特点，以及损伤的原因和预防方案。

4.学习和掌握如何通过功能锻炼康复常见的运动损伤。

第一节 网球运动员的体能需求

观看一场高水平的网球比赛，你会对运动员在场上的非凡表现留下深刻的印象。结合比赛中的各种数据统计结果，你会很容易明白一个高水平的网球运动员需要什么样的体能状况。

● 一场网球比赛可以持续几个小时，部分男子比赛持续时间超过了4个小时。甚至在温布尔顿的草地球场上，比赛会持续更长的时间。2006年费德勒和罗迪克在第二轮的一局比赛中持续时间长达83分钟。

● 在整个比赛时间内，运动员的跑动距离在5~8公里。

● 这些跑动距离基本上都耗费在侧向移动、前后的跑动以及各个方向的冲刺上。

● 通常网球比赛一分球持续时间在3~7秒，而且这需要运动员多次变向移动。

● 在一场标准的网球比赛中，运动员通常会做出300~500次爆发性的动作。

● 一场比赛的持续时间清楚地表明了网球包括了有氧部分，还有以频繁冲刺和急停急转为特征的无氧部分。

许多网球爱好者都享受着网球运动所带来的体能提高的益处。然而，为了能够达到更高水平的运动表现，运动员需要的不是通过打网球来提高体能，而是通过提高体能来达到更高的网球运动水平。调查发现，在职业的网球比赛中高达75%的得分是发球和正手击球，这意味着依靠某些特定肌群的爆发力工作来赢得比赛。另外，运动员要在各种不同的场地上进行比赛，不同形式的快速变向跑动，以及在比赛中重复出现的各种不确定的自然因素，坚持到比赛的最后一刻都要保持足够的反应启动和击球速度，这些都清楚地表明了体能对于网球运动员的重要性。

同时我们知道，一旦运动员受伤，几周甚至几个月的停赛将会导致积分回落，体能和技术的下降，严重地影响到网球运动员的比赛水平和积分排名。因此，运动损伤的预防和康复对于网球运动员就特别重要。

下面部分将对体能训练各部分进行描述，包括柔韧性、力量和爆发力、灵敏和速度、稳定性和动态平衡以及有氧和无氧运动能力在网球运动中的重要意义，接下去会介绍各种身体素质的具体训练方法。关键是网球运动员在体能的各个方面都要整体协调发展，才能在比赛中取得成功。本章的目标就是通过提供各种高效的体能训练以及损伤预防与康复的方法，来提高运动员在网球比赛中的表现。

一、柔韧性

网球运动常常需要运动员在一个极其特殊的姿势下来完成击球动作。观看一些高手的比赛你会发现，他们为了救一个球，如果有必要的话会做出横叉动作来完成击球。很显然，这说明网球运动员需要十分好的柔韧性。

尽管不需要经常在比赛场上做横叉动作，但是柔韧性在网球运动中依然有很重要的作用。想象一下你在场上的位置：伸展身体来救一个离你很远的球，到达一个能够挑高球的位置，做前弓步去接一个对方的扣球，所有的这些情况都需要运动员有非常好的柔韧性。为了表现出最高的水平，运动员的肌肉在整个活动范围内伸展和收缩，并且要保持良好的力量和爆发力。任何柔韧性方面的弱点都会限制运动员完成动作的效率，增加肌肉伸展和收缩的阻力，从而限制肌肉的爆发力与工作效率。良好的柔韧性还会帮助运动员预防伤病。同时拥有良好的柔韧性会帮助运动员在非常稳定的条件下快速高效地将球击出。

二、力量和爆发力

观察当今运动员的击球速度和跑动速度，你很容易意识到力量和爆发力对网球运动员在比赛中达到巅峰状态是非常重要的。以安迪·罗迪克为例，他曾经发出一记速度高达157英里/时（约253公里/时）的发球，甚至在比赛的最后五局中，他发球的平均速度仍高达130英里/小时（约209公里/小时）。塞蕾娜·威廉姆斯利用她的力量和爆发力从场上任何有可能的位置，都能够使擅长反手的球员感到力不从心。你也可以做到：当你变得更有力量、更具爆发力的时候，你就可以在比赛中表现得更加强大自如了。

力量与你的肌肉所能产生多少力有关，而爆发力跟你的肌肉产生这些力量的速度有关。美国网球联盟从以下两个方面来审视力量。第一点也是最重要的一点，你必须有足够的基础力量，尤其是在腿部、核心、上背部以及肩部，这些部位的良好力量可以帮助你更好地控制自己的动作和比赛过程以及预防伤病的发生。因为网球是一项重复性的运动，它需要运动员不断地重复相同的动作，也就是重复使用部分肌肉，导致部分肌肉的疲劳。这非常容易造成全身肌肉的不平衡发展，进而改变身体姿势和人体动作模式，使得关节受力异常而引发伤病。拥有良好的基础力量，不仅仅可以使你的球速加快，而且对于保持正确的关节力学特征以及肌力平衡都是十分重要的。一旦建立起基础力量，运动员就可以开始发展专项力量和爆发力，以提高其在比赛场上的运动表现。

第二点，伴随着基础力量的建立，你可以开始致力于发展爆发力。上肢和下肢的爆发力在网球中都是非常重要的。例如，拥有爆发性的第一步（你启动的第一步是具有强大爆发性的）可以允许你在场上的跑动更加快速和轻松；强大的腿部爆发力还能够提高你发球的冲击力。同样地，核心部位和肩关节拥有良好的爆发力也很重要，这些部位的爆发力可以保证你在击落地球时能够产生更强的冲击力。

在网球运动中，力量和爆发力是不会自然而然地产生的。也就是说仅仅是打网球不能够使你获得足够的力量和爆发力，只有合理科学的力量训练才能够获得这些力量和爆发力。所以，所有的网球运动员应该将提高力量和爆发力的练习融入他们的日常训练计划中。这样做有两个好处：第一是预防伤病，第二是提高运动表现。

在所有预防伤病的方法中，发展肌肉的耐力是一种重要的方法。运动员需要不断地重复使用相同的肌肉，而且还要在比赛的末段打出与比赛开始时一样完美的击球。一场5局的比赛持续时间超过4个小时，能够保持长时间完美击球动作和跑动就依靠肌肉耐力了。

在本章节，许多网球专项的练习都会使用一个较高的重复次数。这些次数满足了肌肉耐力提高的需要，同时也能够保证足够强度的力量刺激。

三、灵敏和速度

在网球运动中，一个典型的得分回合需要运动员在5秒钟内完成超过4次的变向移动。这需要非凡的速度与变向能力，灵敏就是这种快速而有效的变向的能力，它是网球运动中必不可少的身体素质。能够快速地启动和制动为你提供了更多的时间来到达目标位置，进而为下一个球做好准备。灵敏性还跟动作效率有关，因此良好的灵敏性能够帮助运动员在比赛中节省更多的能量，从而延缓疲劳的产生，减少运动损伤的出现。

从A点快速移动到B点的速度能力，在网球运动中是非常重要的。变得更为快速让运动员能够有机会接到更多的球，并且节省更多的时间为下一次进攻或防守做好准备。从某种程度上来说，速度是先天性决定的，拥有更多快缩型肌纤维的运动员能够发挥出更大的力量并具备更快的速度，但是所有的运动员都能够通过合理的训练来提高速度能力。这些训练通过刺激提高运动员的肌肉和神经能力来提高速度与灵敏。记住，到达击球位置的速度越快，你就有更多的时间来准备下一次击球，击球质量就会提高。所以速度和灵敏不仅让你看起来很快，还能够帮助你提高比赛中的击球质量。

四、稳定性和动态平衡

通常我们以保持较长时间的单脚站立来判定一个人拥有良好的平衡感。但在运动中保持动态平衡要比在静止状态下保持平衡难得多。在网球比赛中，在极快的跑动速度之下，保持身体平衡是一件非常困难的事情。

动态平衡是一项技能，需要通过训练来提高，这种技能能够帮助你在完成高难度击球时依然能够很好地控制身体，从而提高你的击球质量，预防损伤。随着网球比赛的速度（无论是比赛的节奏、球速、运动员移动的速度）持续地加快，运动员需要越来越多地在失去平衡的状态下完成击球。拥有良好的动态平衡将会帮助你更好地控制身体，并且即使在跑动中依然能够完成爆发性的精准击球动作。

五、有氧和无氧运动能力

网球是一项有氧运动还是一项无氧运动呢？机体的有氧供能系统给肌肉提供能量，来完成持续时间超过几分钟的肌肉活动；无氧供能系统给瞬时的、高强度、爆发性的活动提供能量。而网球属于两者的综合，具有集无氧与有氧为一体的混合供能的特点。

在网球比赛中非常标准的一次得分，甚至在最慢的红土场上进行比赛，持续时间也不会超过10秒，更多的则低于5秒。在一场比赛中，运动员需要完成300～500次爆发性的动作，冲刺击球、小碎步等，这些短时高强度的动作都需要无氧供能系统来提供能量。从这个角度来看，网球就是一项基本上依靠无氧供能系统供能的运动，但是这还不是全部。

从整场比赛考虑，一般情况下一场比赛持续时间都会超过1小时，甚至更长时间。1小时以上的持续运动就是一项有氧运动了，基本上依靠的是有氧供能系统。在网球运动中运动员全力的5～10秒的运动得分后，在两次得分之间将会有大约25秒的间歇时间，在交换发球的时候会有90秒的休息时间。在这些休息时间内，有氧供能系统完成主要的工作，为运动员的肌肉快速补充能量。一些有氧能力差的人会感觉，在两次得分之间的快速恢复非常困难，而且越是在比赛的后部疲劳感就越是明显。

由此可见，网球是一项无氧结合有氧的运动方式。无氧和有氧供能系统对网球运动都是非常重要的，两者都需要相当比重的训练。一份设计合理的训练计划应该包含无氧和有氧两方面，两者的训练负荷应该根据运动员当前的体能状况和技术风格来确定。

○ 整体训练计划

如何制订你的体能训练计划？你专项体能的哪一部分需要进一步加强训练呢？为找到正确的答案，需要遵循以下步骤：测试、训练和追踪评价。

定期地测试可以帮助找到你的强项和弱项，这些测试包括网球所需的所有体能部分：柔韧性、速度、爆发力、灵敏、耐力等。

根据测试结果制订你的训练计划，集中训练提高那些薄弱环节。如果你需要提高耐力，那就集中安排更多的有氧训练。如果你缺乏的是爆发力，那就加入更多的超等长训练来发展爆发力。每个运动员都会有一个针对的训练计划来满足他的个体需求。有些运动员试图在一段时间里全面提高体能的各个方面，最后的结果却是什么都没有明显的提高。因此，一段时间里专注一个能力的提高，在一年不同时间里合理安排，分步提高各项体能能力可以获得更好的结果。

评估追踪你的训练效果和进程：在两周持续的有氧训练之后，你在临近训练结束的时候是否比以前更有活力；力量和爆发力训练几周后，你启动的第一步比以前快很多，你能够接到的球越来越多。这种主观的评价非常重要，可以帮助你明确训练方案是否有效。或者，再次使用相同的体能测试，测试结果和训练前做一个比较，可以明确地知道训练效果。记录下这些测试结果以及你进步的程度，利用这些信息来调整你的训练重点。这些体能测试和训练计划的设计与跟踪调整可以使得你的体能训练更加科学合理，一般最好在专业体能教练的指导下完成。

第二节　网球运动员的体能训练方法

理想的体能状态必须经过艰苦的体能训练过程来达到，这需要合理的测试和训练计划。各种身体素质的提高也需要科学的训练方法，才能获得最佳的训练效果。很多人会模仿视频或体能训练高手的各种花样体能训练方法，但是往往只能模仿出基本的样子，对于各种训练方法的细节和要点却把握不足，导致训练效果不佳，甚至影响到技术动作或导致运动损伤。

每一种训练方法背后都有基本的科学原理，需要通过一些训练细节的把控来达到训练效果。这些科学背景包括生物化学中能量代谢基本原理，肌肉、关节、心血管等运动系统的生理学和生物力学理论等。各种训练细节包括每次训练的总时间和单组训练时间、训练组数与训练强度以及基本姿势与动作要求等。下面将针对每项身体素质的训练方法做出描述，包括基本的科学背景和训练细节要求。

一、热身运动与柔韧性练习

在整个比赛过程中，网球运动员不断进行爆发性、快速的移动。一个体能训练计划里面必须包括柔韧性练习，良好的柔韧性加上好的爆发力可以帮助运动员获得更好的运动表现。单一牵拉练习并不能预防损伤和提高运动能力，但是平衡的力量和良好的柔韧性将可以预防损伤和提高运动能力。

（一）热身运动与柔韧性练习的科学背景

最近对柔韧性的认识发生了很大的变化，柔韧性练习被认为是热身和动力性牵拉的重要组成部分。理解热身活动需要包括的重要因素以及静力性牵拉与动力性牵拉的不同，对于提高运动成绩、帮助减少运动损伤都非常重要。网球运动需要运动员的全身各个部位承受运动刺激，所以有效的热身和牵拉练习必须是全身的。

柔韧性就是指人体关节在不同方向上的运动能力以及肌肉、韧带等软组织的伸展能力。静态柔韧性是关节及其周围组织在被动活动时的运动范围。动态柔韧性是指运动过程中关节的运动范围。柔韧性的影响因素包括遗传、神经、肌肉组织的结构、软组织的温度。遗传是指机体的柔韧性是先天性的。尽管很多人柔韧性不是很好，但是还是有些人先天性关节松动、有超好的柔韧性。影响柔韧性的遗传因素包括关节的形状和关节面的大小，关节囊、肌肉组织、肌腱、韧带的组成结构。

柔韧性练习的好处包括以下部分。

（1）为肌肉、关节在极限运动范围增加力量时提供一个结构基础。

（2）帮助软组织分散压力。

（3）减少肌肉收缩的阻力。

（4）加强血液的供应和组织的新陈代谢。

（5）加强机体的平衡能力。

热身是体能训练中非常重要的一部分，应该在每一次训练和比赛之前进行。其目的是让身体组织对练习和牵拉产生较好的反应，并且能够预防损伤。运动员经常使用主动热身法，它是通过低强度的运动来提高机体的温度，增加心率，为训练做准备。主动热身法有跳跃、柔软体操、慢跑和动力性牵拉等。热身的指标就是身体微微出汗，主动热身时间是3～5分钟。

（二）热身和柔韧性练习方法

最近的研究表明，静力性牵拉后有肌肉力量减小的现象。这个现象是静力牵拉后肌肉的力量和爆发力的减小会持续1小时。专家建议在运动前进行动力性牵拉，运动后进行静力性牵拉。如果确实身体肌肉紧张明显，则在运动前至少半个小时进行静力性牵拉，随后完成动力牵拉。

网球运动中进行牵拉建议按以下程序操作：

● 进行3～5分钟的热身练习，如慢跑、跳绳等来提高机体的温度；

● 进行动力性牵拉，促进肌肉、关节的动态柔韧性；

● 专项练习或比赛；

● 放松练习，如静力性牵拉。

1.热身运动的方法

在将动力性牵拉融入一个训练计划之前，需要进行很好的热身运动（使得体温升高的有氧运动），热身运动是牵拉练习的必要部分之一。推荐的热身练习包括慢跑，然后逐渐加入手臂环绕练习，或者自行车、滑板等其他类型的有氧运动。热身运动应该至少3～5分钟，低强度进行练习。热身运动至微微出汗之后，就可以开始动力性牵拉活动了。

2.静力性牵拉的方法

在开始静力性牵拉练习之前，需要大家记住一些牵拉技术的基本原则：

● 范围：各主要肌肉群。

● 顺序：四肢肢—躯干—肩—颈。

● 次数：1～2次/天，2～3组/次。

● 方式：静力性牵拉，放松肌肉。

● 强度：最大强度的30%～40%，无痛牵拉。

● 持续时间：20秒以上。

下面介绍的是常用的自主静力性牵拉动作。

（1）跪姿髂腰肌牵拉。如图8-1左足向前跨一步，右膝跪地，收腹向前挺髋，直到感觉大腿与腹部结合处的前侧有拉紧的感觉，保持20秒，换另一侧。注意收腹，髋保持在中立位，前膝关节不超过足尖。

（2）大腿前侧股四头肌群牵拉。如图8-2左足向前跨一步，右膝跪地，上提后足部，至大腿前部股四头肌感受到明显牵拉感。

跪姿髂腰肌牵拉

大腿前侧股四头肌群牵拉

图8-1　跪姿髂腰肌牵拉

图8-2　大腿前侧股四头肌群牵拉

（3）跪姿臀部肌群牵拉。如图8-3前腿屈曲盘旋内收贴地，后腿外展后展贴地，身体向内、前、外倾斜分别牵拉臀部肌肉的内侧、中部、外侧。注意腹部收紧，保持脊柱的平直。

（4）坐位髋与大腿内侧肌肉牵拉。按图8-4中坐位盘腿，双肘抵住双膝，同时下颌向足部靠近俯身前压，受拉肌群为大腿内收肌、腰背部竖棘肌。

跪姿臀部肌群牵拉

坐位髋与大腿内侧肌肉牵拉

图8-3　跪姿臀部肌群牵拉

图8-4　坐位髋与大腿内侧肌肉牵拉

（5）仰卧位脊柱周围肌群牵拉。如图8-5仰卧位，双腿伸直，一腿抬高交叉内收靠近对侧地面，感受到腹部肌肉牵拉感。注意尽力保持双臂伸直，双肩背着地。

（6）俯卧位腹部肌肉牵拉。如图8-6俯卧位，双手撑地双臂伸直抬起躯干上部，感受到腹部肌肉牵拉感。注意腰部损伤者不宜进行此牵拉，一旦牵拉过程出现下腰部不适立即停止。

仰卧位脊柱周围肌群牵拉

俯卧位腹部肌肉牵拉

图8-5　仰卧位脊柱周围肌群牵拉

图8-6　俯卧位腹部肌肉牵拉

（7）坐位脊柱周围肌肉牵拉。如图8-7坐姿，双腿交叉，完成身体旋转，感受脊柱周围肌群牵拉感。注意脊柱平直旋转。

（8）大腿后侧肌肉群牵拉。如图8-8坐位，双腿伸直，双手抱单足身体前倾，感受到大腿后侧肌肉牵拉感。双腿交替完成牵拉。

坐位脊柱周围肌肉牵拉

大腿后侧肌肉群牵拉

图8-7　坐位脊柱周围肌肉牵拉

图8-8　大腿后侧肌肉群牵拉

（9）小腿后肌肉群牵拉。按图8-9中俯身，双手与单足支撑，动作完成，感受到小腿后部肌肉牵拉感。

（10）肩部周围肌肉群牵拉。按图8-10一侧肩部内收压在瑞士球上，俯身下压完成动作，感受到肩后外部肌肉牵拉感。双侧交替完成牵拉。（图8-10）

小腿后肌肉群牵拉

肩部周围肌肉群牵拉

图8-9　小腿后肌肉群牵拉

图8-10　肩部周围肌肉群牵拉

（11）胸背部牵拉。按图8-11一侧肩部外展，手臂外旋压在瑞士球上完成动作，感受到前胸部牵拉感，双侧交替完成牵拉。

胸背部牵拉

随后如图8-12双臂伸直双前臂压在瑞士球上，俯身下压，感受到上臂后侧、侧背部肌肉牵拉感。

图8-11　胸部牵拉　　　　　　图8-12　背部牵拉

也可如图8-13双肘压在瑞士球上完成牵拉，主要牵拉双侧背部肌群。

图8-13　双侧背部牵拉

（12）前臂牵拉。按图8-14双手分别背屈、背伸，并内旋位完成牵拉动作，保持双臂伸直分别感受到前臂前、后以及外内侧肌肉牵拉感。

（13）颈部牵拉。如图8-15完成颈部屈伸、侧屈以及旋转位的牵拉，感受颈部各组肌群的紧张感。

前臂牵拉　　　　　　　颈部牵拉　　　　　　　动态牵拉

图8-14　前臂牵拉　　　　　　　　　　　图8-15　颈部牵拉

二、力量和爆发力练习

多数职业网球运动员都在进行科学的力量训练，因为在网球运动中想要完成快速移动、高速挥拍、强有力的击球，没有足够的力量素质是不可能的。如果能将力量训练与技术训练、战术训练、心理训练相结合，将产生更好的效果。

在以下两个方面，力量与爆发力练习对于网球选手的长期发展起到至关重要的作用。

● 减少运动损伤——延长运动寿命

● 提高动作质量——提高运动成绩

制订训练计划要有针对性，确定需要改进的各个方面，分别采用不同的训练方法。针对性的网球专项力量训练能恢复各肌群的力量平衡，使运动员能够经受高强度的比赛，减少运动损伤的发生。

（一）力量和爆发力训练的科学背景

1.力量训练的分类

力量训练是一种让肌肉对抗阻力的练习手段。针对于网球运动所需的肌肉力量进行训练，必须提高最大力量、爆发力和肌肉耐力。最大力量是指肌肉收缩时所能产生的最大力。由于网球比赛中击球和跑动动作的重复性，需要运动员的肌肉能够在比赛中不断地完成重复收缩运动，这种肌肉或肌群重复收缩的能力就是肌肉耐力。肌肉耐力，是指肌肉连续工作或者长时间工作的能力。爆发力是单位时间内肌肉所做的功，可以看作肌肉或肌群的爆发性力量，肌肉爆发力是力量与时间的比值。

2.力量训练中的单关节运动形式和多关节运动形式

用来提高力量的各种抗阻训练无外乎单关节和多关节两种运动形式。在单关节运动中，主要是一个关节和肌群参与工作，表8-1分析了网球运动需要用到的主要肌肉群。例如，伸膝关节练习仅仅涉及膝关节，基本的工作肌群是股四头肌。深蹲就是一个很好的多关节练习动作，该练习在髋关节、膝关节和踝关节的参与下动用了臀大肌、股四头肌、腘绳肌、小腿肌群等肌群。两种练习形式对于网球运动员都是非常有益的，但是多关节运动能够同时动用更多的肌肉和关节，是最高效的练习。多关节练习，例如深蹲和弓箭步，需要平衡控制、合理的动作模式与训练形式，被认为是更加功能化的练习。

表8-1　网球击球、截击和发球动作所动用的肌肉

正手击球和截击	
动作	所动用的肌肉
蹬地	比目鱼肌，腓肠肌，股四头肌，臀大肌
躯干旋转	腹内外斜肌，竖棘肌
正手前摆	三角肌前束，胸大肌，肩部内旋肌群，肱二头肌，前锯肌
单手反拍击球和截击	
动作	所动用的肌群
蹬地	比目鱼肌，腓肠肌，股四头肌，臀大肌
躯干旋转	腹内、外斜肌，竖棘肌
反手前摆	菱形肌，斜方肌中部，三角肌、中束、后束，肩部外旋肌群，肱三头肌，前锯肌
双手反手击球	
动作	所动用的肌群
蹬地	比目鱼肌，腓肠肌，股四头肌，臀大肌
躯干旋转	腹内、外斜肌，竖棘肌
弱势侧反手前摆	胸大肌，三角肌前束，肩部内旋肌群
优势侧反手前摆	菱形肌，斜方肌中部，三角肌前束、中束，肩部外旋肌群，肱三头肌，前锯肌
发球和过头顶击球	
动作	所动用的肌群
躯干旋转	腹内、外斜肌，竖棘肌
伸膝伸髋	股四头肌，臀大肌
手臂摆动	胸大肌，肩部内旋肌群，背阔肌，肱三头肌
手臂伸	肱三头肌
屈腕	屈腕肌群

但是，当有必要加强某一特殊肌群的力量来缓解身体某部位肌肉的不平衡性时，单关节练习就非常重要了。例如，提高肩部稳定性的单关节练习。由于重复性的网球训练导致了身体前部肌肉（肩部内旋肌群）的优先发展，在反复的发球和正手球的加速阶段都会动员这部分肌群参与工作。而对于肩部稳定性和协助手臂减速都非常重要的肩部外旋肌群并没有得到同等的发展，会比强有力的内旋肌群弱很多，这就造成了肩部内外旋肌力的不平衡。网球运动员就需要采用一些单关节的特殊训练方法来加强外旋肌群，使得优势侧手臂的肩部力量达到平衡，从而预防伤病、提高运动表现。

在运动员和普通大众中普遍存在着有关力量训练的一些错误观念。其中一个最为普遍的误解就是，一般性的力量训练会使运动员的肌肉体积增加，从而变得更加笨重，对速度和网球击球技术有负面影响。这需要通过对运动员进行专业的讲解，告诉他们所要进行的是网球专项的力量训练。网球专项力量训练在刚开始并不会涉及高负荷、大强度的练习，相反，只以轻重量的中等强度结合相对较高的重复次数来建立肌肉力量和肌肉耐力的基础，而并不是单纯的肌肉增粗。

（二）网球专项力量和爆发力练习方案

对于任何运动员来说，开始网球力量训练之前需要分析网球运动到底需要什么样的力量和爆发力。这必须以网球运动专项需要为基础，决定运动员专项力量需求的一些因素包括：

练习动作

● 所动用的肌肉。

● 关节角度。

● 收缩形式（向心或离心）。

供能（代谢）系统

● 分析有氧和无氧供能的贡献比例。

● 工作特点：间歇时间，练习持续时间，练习频率。

伤病预防

● 伤病最易发生的身体部位。

● 运动员的伤病史。

1.不同年龄运动员力量练习特点

对于少年运动员（11~13岁）建议每周练习2~3次，主要利用身体重量和橡皮带进行训练，同时做些健身球和较轻实心球练习，注意增加练习的乐趣。重点放在改善肌力平衡、提高身体核心稳定性和关节的控制能力上。

对于14~17岁之间的运动员，他们在生理与心理上都处于快速成熟期，肌肉力量与体积增加最快，可增加阻力或负重，有效发展肌肉力量。以动力性练习为主，静力性练习少做，训练时间短，动静结合。每周的力量训练应该在3~4次，重点放在如蹲起、推、拉、举等练习动作上，并逐渐进入更高阶段的专项力量和爆发力训练以及防伤训练上。

2. 常用的力量练习方法

一般力量练习可以在健身房完成，遵循常规力量练习的原则，可以参照各种力量练习的书籍，这里就不做专门的介绍。很多网球专项的力量训练可以借助橡皮带随时随地完成，而且这些训练可以更好地激活网球专项动力链，对于功能性力量的提高很有帮助。而爆发力的训练，主要是各式抛实心球练习与跳跃练习。跳跃练习主要是跳深练习和格式小栏架练习，这里主要介绍一些使用橡皮带的专项力量训练，以及使用实心球进行爆发力训练的方法。

（1）橡皮带力量练习。

①马（弓）步推：马步（或弓步）站位，双手拉紧橡皮带双臂前推，保持躯干平直稍前倾。也可单臂分别完成，对躯干核心稳定刺激效果更好。主要锻炼胸大肌、下肢蹬伸（臀部后、大腿前、小腿后）肌肉链以及伸肘、伸腕（上臂后、前臂前）肌肉群，核心稳定肌群也会得到一定刺激。

弓步是双腿前后站位身体相对稳定，马步是双腿平行站位，对躯干稳定性要求更高。

同时前推的角度可以变化，如改成向上推或向下推，对肩部稳定与身体稳定控制力量发展有帮助。

②马（弓）步拉：马步（或弓步）站位，同时双手拉紧橡皮带双臂后拉，保持躯干平直或稍后倾。也可单臂分别完成，对核心稳定刺激效果更好。主要锻炼肩背部以及屈肘（上臂前）肌肉群，核心稳定肌群也会得到一定的刺激。

后拉的角度可以变化，如改成向上拉或向下拉，对肩部稳定与身体稳定控制力量发展有帮助。

③马（弓）步转体：马步（或弓步）站位，双手拉紧橡皮带双臂伸直，持橡皮管从身体一侧下方开始，沿对角线向身体另一侧上方移动，同时完成转体。主要锻炼躯干稳定性与腰部旋转力量。

④马步蹲举：马步站位，双手拉紧橡皮带，蹲起同时双臂向上推拉。主要锻炼下肢蹬伸（臀部后、大腿前、小腿后）肌肉群，同时可以锻炼伸肘、伸腕（上臂后、前臂前）肌肉群。也可以单腿蹲起完成同样动作，刺激效果更好。

⑤联合弓步推：在弓步向前下蹲的动态过程之中，双手拉紧橡皮带完成弓步推动作，同时发展下肢力量与上肢力量以及躯干稳定性。

（2）实心球爆发力练习。

①原地抛实心球：网球击球前的准备站位，双手持实心球并顺势完成引拍姿势，随后加速全力抛球。抛球时，双足不离开地面。以开放式、关闭式站位分别做正手、反手过顶抛球。

②跳跃抛实心球：基本动作同上，但是转动身体加速将球出手前，为增加爆发力，双足可蹬伸跳跃。同样可分为正手与反手站位。

实心球爆发力练习

③移动抛实心球：基本动作同上，但是需要先接近球并在移动中完成接抛实心球。可以分为正手与反手站位。

对于初级训练阶段，实心球可以用软式重力球代替，不容易伤到手指。而且小重量软式重力球还可以完成肩肘部位小肌肉群的爆发力练习。

④肩部旋转肌肉群：肩部外展屈肘90度，分别完成前旋、后旋爆发式抛球，主要锻炼肩

部旋转肌肉群的爆发力。

⑤发球爆发力练习：以发球动作爆发式抛出软式重力球，主要锻炼躯干与伸肘等发球动力链的爆发力。

最后需要注意，每次网球力量训练时间不需要太长，力求高质量完成，并注意以下练习组成部分及特点：

热身，时间5~7分钟慢跑，然后进行动力性拉伸，随后进行一些核心稳定性练习和预防损伤的练习。

爆发力练习，包括跳跃、抛实心球等练习。每个动作2~4组，每组的组内动作重复1~10次，一般不能超过15秒，每周练习1~4次。实心球的重量在0.5~3千克之间，根据个人情况选择。

一般力量练习，包括橡皮带的各种练习（或者健身房的器械练习）。每个动作2~5组，每组的组内动作重复次数6~12次，每周练习1~3次。注意调整橡皮带的弹性及长度来调整力量负荷。

每次力量练习之后应进行慢跑和静力性的肌肉牵拉放松，并增加营养供给促进恢复，最好安排在练后10分钟内进行。过于疲劳的力量训练不会有任何效果，而且容易引起损伤，所以整个力量训练阶段需注意机体疲劳恢复情况，特别是体重、食欲与睡眠的变化，一旦出现不良的反应，需要及时调整训练，并加强营养补充。

三、灵敏训练

现代网球技术、战术高速发展，概括地说，运动员在比赛中主要完成以下两个任务：

● 快速完成各种运动形式，即在非常短的时间内、在各种不同的情况下完成各种身体动作，加速、减速、制动、改变方向、击球。

● 精确地完成击球动作，即运动员需要根据网球的飞行轨迹，做出迅速的反应和判断，完成高效、精确的击球动作。

快速反应与变向移动能力，也就是球场上的速度与灵敏，往往是运动员在球场上神勇表现的基础。教练经常可以观察到在运动员中存在步法灵敏性的差异，他们中的一些人很快就能显示出高质量的步法，而另一些人则在前几步、双脚的稳定性以及在变换方向方面需要花费些时间来改进或提高。

（一）灵敏训练的基本要求

1.网球运动员需要的移动能力

发展步法敏捷性要求运动员在各种身体姿势下，完成有效的蹬地移动动作。这需要：

（1）步法姿势的精确。

（2）以双脚和支撑关节能做出更有效的动作（在击球和运动时脚的姿势）。

确保有节奏地运动也是一个重要因素，另一个重要因素则是运动员移动的质量。实际的经验告诉我们在网球运动中"步法的控制"有各种差异，脚的触地时间、脚的触地角度、减振性的角度、下推动作的角度等。其中一些移动方式更为高效、快捷，而且，通过一些特别的练习，可以使我们在这方面有所提高，做到更好。

2.灵敏训练的重点

为了发展运动员步法的灵敏性教练应将重点放在以下几个方面。

- 足部的本体感受。
- 协调性。
- 肌肉的力量（爆发力）。
- 减速、变向、加速等基本移动技术能力。
- 核心稳定性。

（二）灵敏训练常用的方法

下面介绍一些常用的网球运动员"步法敏捷性"练习方法，主要帮助提高网球运动员移动中的协调性与减速、变向、加速等能力，同时很多练习对于身体稳定控制能力有很好的帮助，而小栏架练习则对于下肢爆发力有非常好的提高作用。

自己抛抓球练习

1.灵敏球练习

灵敏球也叫六角球、反应球、crazy ball等，由于落地后反弹不规律性，需要运动员迅速做出反应。用灵敏球训练对运动员反应能力和脚下快速移动能力有很好的提高作用。

常用的练习方法包括：

（1）自己抛抓球练习。运动员自己抛球后，在灵敏球第二次落地前抓住灵敏球，或在第二次反弹后第三次落地前抓住。一般落地反弹次数越多，难度越大。变化的方式有：站立位向身后抛出灵敏球，然后快速转身在第二次或第三次落地前抓球。

（2）教练抛灵敏球练习。教练站在运动员对面，向运动员身后抛出灵敏球，运动员需转身并在球第二次落地前抓住灵敏球。变化方式，也可以教练站在运动员身后，向运动员身前抛出灵敏球，运动员看到球落地后，在其二次落地前抓住灵敏球。（图8-16）

教练抛灵敏球练习

图8-16　灵敏球练习（1）

（3）教练站在运动员员前2米左右距离，左右手各持一灵敏球，教练发出口令后运动员正对教练冲刺，在球员跨出1～2步后，下抛灵敏球，球员在灵敏球第二次落地前抓住灵敏球。进行3～4次练习，休息1～2分钟。（图8-17）

（4）同上站位，教练持灵敏球抛向运动员身体周围1～2米的范围，运动员在球第二次落地前抓住灵敏球，并抛回给教练。连续抛球3～5个，休息2～3分钟，确保运动员状态良好时进行。（图8-18）

图8-17　灵敏球练习（2）

图8-18　灵敏球练习（3）

2.绳梯练习

由于绳梯狭小的空间，设计各种移动步法，在脚步小范围精确移动的过程中可以很好地锻炼网球运动员的身体协调性以及下肢的精确控制能力。针对网球运动中经常出现的各种脚步移动方式，可以进行下面几种常用的练习。

（1）侧向剪刀跳：面对绳梯纵向站立，双脚快速前后交叉跳跃侧向移动，前脚在绳梯格内，后脚在绳梯格外，移动过程中保持身体的良好姿势。帮助提高身体的敏捷与协调的同时，为场上步法的变化提供基础技术。（图8-19）

侧向剪刀跳

图8-19 侧向剪刀跳

（2）开合前后交叉跳：面向绳梯站立正向移动，双脚开合跳跃的同时，完成前后交叉，并向前移动。双脚分开时双脚在绳梯格外，前后交叉时双脚分别位于前后两格中，移动过程中保持身体的良好平衡姿势。（图8-20）

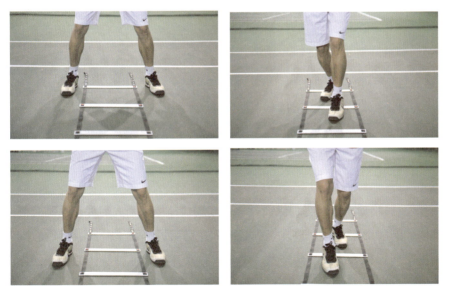

开合前后交叉跳

图8-20 开合前后交叉跳

也可以同样步法完成后退步开合、前后交叉跳，基本动作同上，只是后退移动。

（3）斜向滑步移动：纵向站立于绳梯左侧，斜向侧滑步通过绳梯到达绳梯另一侧，随后

变向斜向侧滑步通过前方格子，如此呈"Z"字形前进。（图8-21）

斜向滑步移动

图8-21　斜向滑步移动

（4）正前向快步移动：面向绳梯纵向站立于绳梯一端，双脚依次踏过绳梯的每一个格子，正向前方移动。（图8-22）

正前向快步移动

图8-22　正前向快步移动

（5）侧向前后步快速移动：面对绳梯纵向站立，双脚快速依次踏入绳梯格，同时侧向移动，左脚在绳梯格内，右脚由格外移动进入格内，同时左脚后退至格子外面，随后右脚跟随退出格子外。在下一个绳梯格子内重复同样移动动作，移动过程中保持身体的良好姿势。帮助提高身体的敏捷与协调的同时，为场上步法的变化提供基础技术。（图8-23）

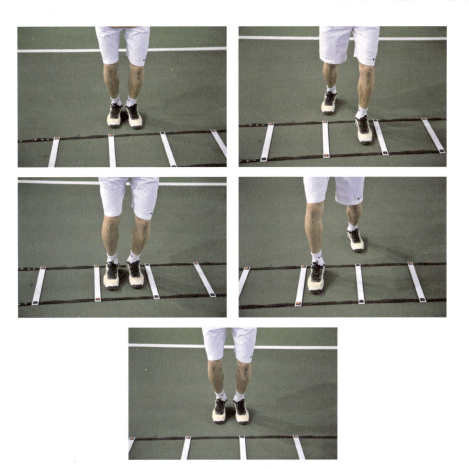

图8-23　侧向前后步快速移动

3.小栏架练习

小栏架高度30～40厘米，运动员腿部爆发用力跳跃小栏架，随后着地缓冲，接着进行下一次爆发用力跳跃。小栏架练习是提高下肢爆发力与灵敏能力的最好方法之一，同时对于身体协调与稳定控制能力有很好的锻炼作用。

（1）单脚侧跳：单脚蹬地完成跳跃，双脚依次跳过所有小栏架（3～5个）侧向移动，移动过程保持良好的身体姿势。

（2）双脚直线跳跃：双脚同时起跳，直线向前依次通过每个小栏架，移动过程中保持身体的良好控制与平衡。

（3）单脚直线跳跃：在很好地完成上一个练习的基础上，增加难度，单脚起跳，直线向前依次通过每个小栏架，移动过程中保持身体的良好控制与平衡。

（4）将小栏架排成"Z"字形，依次斜向双脚跳跃通过每一个小栏架，移动过程中始终面朝正前方，保持身体的良好控制与平衡。在很好地完成双脚练习的基础上，可以使用单脚跳跃完成相同练习，提高难度与练习效果。

单脚侧跳　　　双脚直线跳跃　　　单脚直线跳跃　　　"Z"字形斜向跳跃

4. 小标筒组合练习

以小标筒围成各种形状，运动员完成指定路线的固定或变化移动练习，提高步法灵敏与身体控制的技巧与能力。同时可以加入阻力带与反应练习，更好地提高运动员的场地反应和爆发能力。

（1）6标筒挥拍练习：运动员身体的两侧放置两排共6个标筒，运动员离6个标筒都是约1米的距离，从中间出发，分别快速移动至标筒的外侧方，各完成一次挥拍；随后回到中心位置。可以很好地发展运动员多方向快速移动能力，同时结合了移动到位后小步调整稳定挥拍的练习。

变化方式，可以给6个标筒编号，教练喊口令，指挥运动员分别完成挥拍。

（2）底线4标筒挥拍练习：底线处放置4个标筒，间隔两足距离。运动员站在一侧出发，小碎步移动波浪样绕过标筒，在另一侧完成挥拍，挥拍后同样小碎步移动返回并完成一次挥拍（正手侧正手挥拍，反手侧反手挥拍）。移动过程中保持身体良好的预备姿势，随时准备变向移动。很好地发展运动员多方向小碎步快速移动能力，同时结合了移动到位后稳定挥拍的练习。

变化方式：可以在运动员快速移动过程中给出口令，让运动员做出反应，变化移动方向，提高快速移动过程中的反应变向能力；还可以侧向或后方阻力带给予阻力，增加练习难度。

（3）4标筒环绕挥拍练习：呈菱形放置4个标筒，中心间距30～40厘米，从后方标筒处顺时针小碎步移动绕过标筒外围，并保持身体朝向正前方。移动至两侧标筒时分别完成正反手挥拍。可以很好地发展运动员多方向小碎步快速移动能力，同时结合了移动到位后稳定挥拍的练习。

变换方式：可以在运动员快速移动过程中给出口令，让运动员做出反应，变化移动方向，提高快速移动过程中的变向反应能力练习。

5.阻力带练习

阻力带练习是提高启动爆发力与速度的最好方法之一，同时以外界阻力的干扰，帮助运动员提高身体的动态姿势控制能力，从而提高运动员的速度与灵敏能力。可以在使用阻力带的同时，结合进行以上介绍的各种绳梯练习，进一步帮助提高步法灵敏性与爆发力。

灵敏练习属于大强度练习，主要依靠无氧供能系统提供能量完成。所以想要取得理想的训练效果，必须遵循下面几个原则。

● 全力大强度完成，单组练习持续时间少于7秒；

● 根据强度，积极休息30～90秒；

● 当练习质量下降时，结束这次训练。

而且要想取得理想的训练效果，预防训练中运动损伤发生，最好在个人身体状态较好，没有明显疲劳的时候进行灵敏练习。最好保持每周2～3次练习，要在保证身体有良好恢复的前提下进行练习。

四、网球运动中核心稳定和动态平衡的练习

从身体位置来看，核心是最接近身体重心的中间环节（腰—骨盆—髋关节）。核心稳定力量存在于所有运动项目中，对运动中的身体姿势、运动技能和专项技术动作起着稳定和支持作用。同时也是整体发力的主要环节，对上下肢的协同用力还起着承上启下的枢纽作用。在网球运动中，躯干与肩、髋关节复合体的稳定性是必要的，在全身运动功能的改善中起重要作用——提高网球运动员身体的控制力和平衡力，使得挥拍击球更稳定、更有控制能力；提高上下肢和动作间的协调工作效率，使得挥拍击球动作更快、更有力；提高运动员场地上的变向和急停急转速度；预防运动中的损伤。

核心稳定训练作为网球体能训练的重要组成部分，一般应该由基本的平稳地面练习开始，逐渐过渡到不平稳支撑上的练习，循序渐进地。动作质量是核心稳定性训练的核心要求，一定要在把握训练质量的基础上逐渐增加训练难度与训练数量。

（一）从测试开始

测试方法：受试者进行腹桥、背桥和侧桥动作，测试保持腹桥、背桥、侧桥的时间。

注意事项：测试动作必须标准，保持身体核心区呈一条直线，出现动作有明显晃动，不能保持稳定姿态时视为动作结束。

网球运动员理想标准：腹桥、背桥2分钟，侧桥1.5分钟。

（二）常用的核心稳定练习方法

核心稳定的练习方法很多，但是需要很好地与传统腰腹练习相区别。核心稳定练习在注重动作质量的同时，更多注重躯干深层稳定肌肉群的使用，如盆底肌、腹横肌与脊柱周围的多裂肌肉等。多数练习尽量减少外表大肌肉群的使用，如腹直肌、髂腰肌等。以下列举了部分常用的核心稳定练习。

1.基础平稳地面练习

常用的核心稳定练习可以在一点支撑与多点支撑的基础上，分别进行腹桥、背桥、侧桥练习。（图8-24）

腹桥背桥侧桥

（1）腹桥。单点支撑练习，以臀部着地为支撑点，两头抬起控制，使得身体躯干部与地面成约30度角。变化形式增加难度，可通过上下肢控制性做一些动作。

两点支撑练习，以上下肢不同部位支撑，身体前侧结构受力形成腹部向下的桥状动作。

变化形式增加难度，可通过上下肢控制性做一些动作。

（2）背桥。单点支撑练习，以腹部着地为支撑点，两头抬起控制，并可做上下肢控制性动作。

两点支撑练习，以上下肢不同部位支撑，身体背侧结构受力形成背部向下的桥状动作。

（3）侧桥

单点支撑练习：以臀部侧面着地为支撑点，两头抬起控制，并可做上下肢控制性动作。

腹桥　　　　　　　　　　　　　　　　　　　背桥

侧桥

图8-24　桥

两点支撑练习，以上下肢侧部位支撑，身体前侧结构受力形成侧部向下的桥状动作。

以上各种练习根据个人情况一般每组保持10～30秒，每次完成3～5组练习。如果能够高质量完成，一方面可以增加单次时间来增加负荷，同时都可以变化形式增加难度，如让上下肢控制性做一些动作。但是永远记住，高质量是基本要求。

2.不稳定支撑练习

不稳定支撑的核心稳定练习难度更大，但由于趣味性高，更容易吸引运动员参与练习。

（1）球上支撑腹桥：腹部朝下，双手直臂支撑于地面，双脚前脚掌蹬于瑞士球上。整个

过程中要求收腹保持背伸直，不可以出现弓背、塌腰表现，每组保持约10～30秒，完成3组练习。（图8-25）

球上支撑腹桥

图8-25　球上支撑腹桥

（2）平衡气垫背桥：同背桥测试动作，双肩与双足撑地，背部朝下呈桥状支撑，并在双足（或双肩）下垫上平衡气垫（或放松柱、瑞士球），背部呈直线并尽力控制身体不左右晃动。每组保持约10～30秒，完成3组练习。

（3）瑞士球上侧桥：同侧桥测试动作，肘足撑地，身体侧向呈桥状支撑，并在肘部或双足下放置平衡气垫（或放松柱、瑞士球），身体呈直线并尽力控制身体不左右晃动。每组保持10～30秒，每次完成3组练习。

（4）半球上单腿支撑：单腿支撑（微屈膝）站于瑞士球（平衡气垫）上，非支撑腿保持不动，或屈膝上抬，缓慢后伸成燕式平衡。整个过程要求面朝正前方，身体呈直线。每组保持10～30秒，完成3组练习。（图8-26）

半球上单腿支撑

图8-26　半球上单腿支撑

在以上各项练习熟练完成的基础上，可以逐渐增加难度，常用方法就是加入部分动态平衡练习。高质量地完成动作是第一要求，只有高质量的动作，才能保证更好的效果。

（5）球上肩足支撑背桥：仰卧，肩背部支撑于瑞士球上，双腿屈膝蹬地，双脚不离地面水平侧向挪动，到位后单腿伸膝上抬（右移左腿起，左移右腿起）。根据个人情况，一般每组完成3~5个动作，每次完成2~3组练习。（图8-27）

球上肩足支撑背桥

图8-27　球上肩足支撑背桥

（6）跪姿肘撑推拉球：跪姿，双膝并拢跪撑于地，双手屈肘支撑于瑞士球上，双手合掌，背部伸直，前臂用力慢慢向前推球，保持1~2秒，再慢慢拉球回原位，保持1~2秒。根据个人情况，一般每组完成3~5个动作，每次完成2~3组练习。（图8-28）

跪姿肘撑推拉球

图8-28　跪姿肘撑推拉球

（7）球上上臂交替上举：坐姿，臀部触球，微坐于球上，借助外力抵住双足前脚掌，上体后倾（与地面约45度），双手侧上举→单手交替下摆（肩内旋）。根据个人情况，一般每组完成3~5个动作，每次完成2~3组练习。（图8-29）

球上上臂交替上举

图8-29　球上上臂交替上举

（8）肘撑绕圈：肘撑于瑞士球上，双脚脚尖着地，屈肘肩部微微绕环，左右各3圈。根据个人情况，一般每组完成3~5个动作，每次完成2~3组练习。（图8-30）

肘撑绕圈

图8-30　肘撑绕圈

（9）"V"字坐球伸膝：屈膝坐于瑞士球上，双手于体侧扶球保持平衡，慢慢伸膝，身体呈"V"字形，还原。根据个人情况，一般每组完成3～5个动作，每次完成2～3组练习。（图8-31）

"V"字坐球伸膝

图8-31　　"V"字坐球伸膝

（10）瑞士球动态腹桥：俯撑，双手直臂撑地，双腿脚尖着于瑞士球上，单腿直腿交替上抬。注意保持躯干、肩部稳定性，避免脊柱的扭转。根据个人情况，一般每组完成3～5个动作，每次完成2～3组练习。（图8-32）

瑞士球动态腹桥

图8-32　瑞士球动态腹桥

根据个人情况，一般每组完成3～5个动作，每次完成2～3组练习。

经过一段时间的练习，身体稳定控制能力得到明显增强的基础上，可以逐渐加入负重练习，如下所示。

（11）球上负重仰卧起上体：仰卧，中下背部撑于瑞士球上（头无支撑），双手抱实心球（或杠铃片）→起上体→还原。注意保持髋部固定。12次/组，每次完成2～3组练习。（图8-33）

球上负重仰卧
起上体

图8-33　球上负重仰卧起上体

（12）球上卧推：肩背部撑于瑞士球上（仰卧），屈膝90度，上推杠铃，还原，12次/组，每次完成2～3组练习。（图8-34）

球上卧推

图8-34　球上卧推

（13）肩撑瑞士球单臂轮流推胸：仰卧瑞士球上，小腿屈并垂直于地面，挺髋使大腿与躯干呈一直线。双手持哑铃展肩屈肘90度，交替上推哑铃。让哑铃的重量落在双肩及上背部。双肩及上背部落在球上。每侧练习12次。（图8-35）

肩撑瑞士球单臂轮
流推胸

图8-35　肩撑瑞士球单臂轮流推胸

以上只是列举了常用的部分核心稳定练习，根据个人情况与需要还可以变换出很多练习方式。但是，更多的花样不是理想训练效果的保障，完成高质量的动作、根据个人情况逐渐增加练习难度，并保证连续系统训练才能达到最佳效果。

五、网球运动中有氧和无氧能力的训练

现代网球运动的强度非常大，它要求运动员具备高水平的有氧能力和无氧能力。比赛分析数据表明，一场持续2～3个小时的网球比赛需要运动员表现出300～500次能量的爆发。同时，网球运动不仅包括高强度的爆发式的运动表现，也有持续在一个中等强度状态下的运动表现。因此，它对无氧和有氧能力都有要求。在设计运动员有氧和无氧体能训练计划上，理解基本的概念和有氧与无氧供能系统特点非常重要。

（一）网球的能量代谢特点

研究表明，网球比赛是有氧供能与无氧供能结合的运动，其运动强度常常以达到最大心率的百分比来衡量。最大心率可以通过以下公式来估算：

最大心率=220-运动员年龄

对于20岁的网球运动员，通过公式可以得到最大心率是每分钟200次。在训练中，其训练强度就控制在这个最大强度以下。研究表明，训练中的强度控制在最大心率的60%～90%为宜，这就意味着20岁的网球选手训练时要把心率控制在120～180次/分之间最好，这个心率强度与美国运动医学学会对改善心血管功能的推荐强度范围一致。

就网球运动形式的运动生理学来看，运动员需要全面提高有氧和无氧能力才会达到其最高水平。那么有氧和无氧能力具体是什么呢？

无氧代谢能力是在供氧不足情况下机体供给能量的本领，它有两个供能系统，但供能单位都是三磷酸腺苷（ATP）。ATP是身体在做任何活动中都需要的东西，不论是呼吸，心脏的搏动，或者募集肌肉进行反手击球。

无氧供能包括两个系统。第一个系统也是最快的——ATP-CP，它是通过肌肉和运动组织来直接储存能量，但ATP的数量是有限的，只能维持最大强度供能6～10秒。（图8-36）

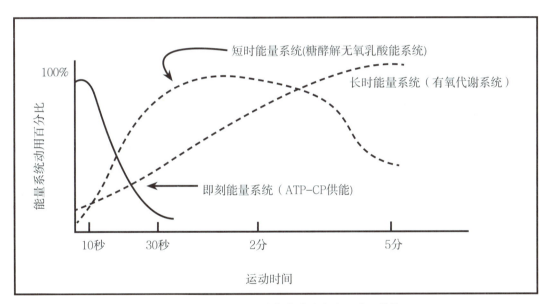

图8-36 不同时间的运动中能量供应系统的工作情况

在大约10秒高强度的工作后，占据主导供能的变成无氧糖酵解系统，糖酵解系统是机体通过复杂的化学反应和能量转化，把每日从食物中获取的碳水化合物分解并转化为能量，这个过程中产生了ATP。无氧糖酵解在提供能量产生ATP的同时伴有其他的代谢产物——乳酸，在高强度的持续的肌肉工作状态下，乳酸开始在肌肉内堆积，运动员一直工作到肌肉内乳酸的堆积引起疲劳反应超过运动员承受能力为止。

无氧糖酵解只能维持高强度能量供给2～3分钟，此后长久但低强度的身体活动。依靠有氧供能系统供能。有氧代谢供能是氧气通过肺进入身体进行气体交换，再通过血液循环输送到身体各个器官。在充足的氧气供应下，有氧代谢供能系统可以高效率地产出ATP并且维持很长时间的低强度、耐久性的活动，如10公里跑或马拉松。

（二）网球运动需要有氧还是无氧代谢

网球运动需要持久的能量供应，有氧和无氧代谢的能力对提高网球运动员的成绩是非常重要的。从根本上讲，因为网球运动需要重复的肌肉收缩与动员，在持久的底线对打、冲刺运动过程中有氧代谢提供了最基础的能量供应。在美国网球联合会进行的跑台测试和耐力跑测试中，发现优秀网球运动员都有着较高的有氧代谢能力。

无氧代谢能力在每次击球过程中对最大力量的产生起到了关键性作用。短跑和灵活性测试显示网球运动员拥有着不错的无氧代谢能力。这就解释了为什么一个优秀运动员兼备有氧和无氧代谢的能力，他能够做到在底线对打中完成从场地一边到另一边的全速跑，休息了20～25秒后又能够再次进行全力冲刺。有着较高的有氧代谢水平的运动员，能更迅速地清除体内肌肉工作时积累的乳酸。同样地，因为在肌肉中储存了更多的能量，所以有氧代谢水平较高的运动员可以跑得更快、跳得更高。

（三）网球运动的无氧训练

对网球比赛的分析表明：（1）比赛中每得一分大约需要10秒的时间；（2）大多数运动员每一分之间的平均休息时间是18～20秒（规则允许的最长休息时间是25秒）。这就是工作/休息循环节奏。1：2的工作/休息循环节奏是网球运动中最具代表性的生理运动模式。除了工作/休息循环节奏外，专项化这个词也经常被使用。专项化是指在训练中尽量使用与运动员在实际比赛中的要求更为相近的方式。

网球运动中无氧训练运用了工作/休息循环节奏和专项化的原则，用来提高无氧能力的训练活动按照1：2的工作/休息循环节奏进行，其中包括相对时间较短的、多方向的动作模式。

下面列出的是网球运动的特点，这些应在网球专项训练当中加以考虑。

● 网球运动中每一分经常包括4～5个变向。

● 大多数网球得分持续少于10秒。

● 网球运动员在场上总是拿着自己的球拍。

● 运动员每一分很少在一个方向上跑动超过9米。

● 动作模式包括加速和有控制的减速过程。

任何训练都应该在进行了相对短时间的最大强度训练后紧跟着大约2倍于训练时间的休息。常见的无氧训练方法包括：折返跑、垫步跳、袋鼠跳等。进行这些无氧训练时都应该手持球拍以更加符合专项需求。

（四）网球运动的有氧训练

有氧训练是主要工作肌群在重复或循环方式的训练中持续性地用力，如跑步、游泳、跑楼梯、滑步训练、骑车等。有氧训练的特点包括频率、持续时间、强度。美国运动医学学会提供了下面几个基本的提高有氧能力的建议。

持续时间：最少持续20分钟的训练。

频率：每周最少3次。

强度：60%～85%最大心率的运动。

保持和提高有氧代谢水平在网球运动员整个训练过程中是相当重要的一部分。在训练过程中加入有氧训练取决于运动员对于有氧耐力所需要的程度，通常需要考虑以下几个因素。

（1）训练时间。不要在技术主导的练习部分之前安排有氧训练使得运动员过于疲劳。有氧训练应安排在技术训练、专项训练之后，应该在训练量比较轻的时候进行。（2）有氧训练时一定要循序渐进。刚开始时一周一次或两次，并结合其他的训练内容进行。（3）要选择能够使运动员最适应的训练方式。如果一个运动员有膝关节或者其他的下肢损伤，那么在他的有氧训练中增加跑动的距离可能不如骑车、游泳或者滑滑板（侧向移动动作）更加合适。（4）遵循交叉训练的原则并与有氧训练相结合来防止疲劳，调动多肌群参与以及增加训练的趣味性。（5）通过测试评价有氧能力水平提高的程度。（6）过度的有氧训练可能会导致过度训练综合征和占用过多宝贵训练时间，这些时间应该用于无氧能力和动作技术的训练。

小结：网球运动员要想提高场上的运动表现，要求有氧能力和无氧能力都有着较高的水平，这两个关键的因素在网球训练中都不能忽视。测试、评价以及跟踪评价运动员在体能水平上的变化和提高，可以非常好地帮助我们来决定在运动员的训练周期中做多少有氧或者无氧的训练。

第三节　网球运动损伤的预防与康复

不管是职业网球运动员还是业余球手，对于伤病总是心有余悸，或多或少、或严重或轻微都有所经历。严重的可能走进过手术室，轻微的可能两周就自我康复了。

一、常见网球运动损伤的原因

网球运动的损伤分为两种形式：急性损伤和慢性损伤。急性损伤是指一个新的损伤或者瞬时剧烈的疼痛，并且疼痛从发生开始会持续一小段时间。许多运动员都有过的急性损伤就是踝关节损伤了。慢性损伤是一种由于持续地完成某个动作或者缺乏正确的康复训练而反复发作的伤病。一个典型的慢性损伤就是网球肘，这种伤病可能持续1～2年，往往在运动员一次持续时间长的比赛中或者训练时突然发作。急性损伤相对容易处理，如果处理得当、及时，运动员可避免急性损伤转变为慢性损伤。

由于网球运动的专项特点，伤病可能会发生在全身的各个部位，优秀运动员伤病发生最频繁的区域主要是肩、后背部、髋关节和膝关节。追溯美网公开赛，肩部和后背部一贯被认为是损伤发生的主要区域。网球肘也是网球运动员中最为普遍的伤病。

预防损伤的最佳途径是加强身体训练，让你的身体对于网球运动中可能产生的各方面的刺激负荷做好准备。除了进行力量和柔韧训练之外，均衡的比赛风格、良好的身体类型、使用最佳的技术、选择合适的器械都是非常重要的因素。

需要强调的是网球拍的硬度、重量、大小和拍弦的张力对于预防伤病都有重要的影响。一般推荐使用中等硬度的球拍，太硬或者太软的球拍都会对手臂产生负面影响。例如，肌肉还未得到充分发展的运动员使用太硬的球拍进行长时间的训练会增加受伤的风险。每个球拍生产商都会提供一系列硬度不同的球拍，根据专家的意见选择一款最适合你的球拍。

除了球拍的硬度外，球拍的重量也是非常重要的。虽然超轻的球拍更容易机动，但重量轻的球拍比较容易吸收压力，会对手臂产生较大冲击力。而大重量的球拍很难机动，导致肌肉做功多，易疲劳，对运动员的技术是一大挑战。建议使用重量适宜，能够较好吸收反作用力的球拍。

球拍握柄的宽窄对于伤病也有显著的影响。太窄的握柄会强制前臂肌肉发挥更多的作用在紧紧抓住球拍上。可以通过抓握球拍来判断握柄的宽窄，保证食指与大鱼际之间正好有放一只小手指的空间。若食指与大鱼际相接触，则握柄太窄；若食指与大鱼际之间能够放下一只以上的小手指，则握柄太宽。

拍弦的张力在预防损伤和优化球拍性能方面非常重要。每支球拍都有其推荐的拍弦张力，该张力是商家所认为的能够满足大部分运动员需求的张力。尽管存在个人偏好，但对于任何球拍类型和所固有的拍弦张力的一般原则是：稍高的拍弦张力能够使运动员更好地控制球拍，较松的拍弦张力更容易产生爆发力。这跟我们平常的观念恰恰相反。在使用拍弦张力较高的球拍打球时，会对腕关节、肘关节和肩关节产生巨大的压力，最终可能导致伤病的发生。

除了拍弦张力外，拍弦的材料也对运动员的表现产生影响。为了预防伤病，由多种纤维或者细丝制成被称为无芯多纤维的拍弦，能够提供更好的弹性和较佳的手感。比大部分尼龙拍弦更富有弹性和运动性。这种拍弦比较昂贵，不适合初学者。

这里虽然简单介绍了球拍的因素对损伤的影响，但是与你的专业教练和体育科研人员探讨所有的装备问题是非常必要的。要仔细挑选适合你的球拍、拍弦类型和拍弦张力。当你正处于伤病的康复期间，建议你使用无芯多纤维或者羊肠拍弦，拍弦张力稍低。拍框大小适中，握柄宽窄合适，球拍重量适宜，这些是康复过程中重要的一步，把握好这一环节是运动员不再损伤和重返赛场的关键。

二、常见的网球运动损伤

下面我们从损伤发生原因、常见病理变化和预防康复方法入手，以常见的肩部损伤康复训练指南为主，兼述身体其他部位常见损伤的原因分析和康复预防原则。

（一）肩部损伤

1.概述

肩关节是高水平网球运动员最常见的损伤部位之一，肩部损伤不仅严重影响正常训练，还会降低挥拍和发球等技术的稳定性与质量。在网球运动的每一次的快速挥拍击球和发球过程中肩关节需高速旋转，肩袖肌群和关节承受着巨大的负荷刺激，如此反复极容易出现过用性损伤。

长期网球运动会选择性地增强肩关节前部肌群（肩胛下肌和胸大肌），同时过度牵拉、损伤肩关节后部肌群。不管是高水平职业选手还是业余选手，这种肌肉力量不平衡和柔韧性不足会造成肩关节很容易受伤。伤病开始主要是肩袖肌群疲劳和力量不平衡、肩胛骨稳定性下降、后关节囊紧张等，随后出现关节受力改变，进一步加重以上情况，最终将会出现肩袖及其肌腱的损伤、关节盂唇的磨损以及肩关节撞击综合征等常见问题。以上损伤一旦出现，恢复过程漫长，容易反复出现，需要长期系统化的康复与预防复发的康复锻炼计划。

2.常见症状

（1）疼痛可能定位在肩关节前部、后部和/或上臂外侧；

（2）肩关节的疼痛随着上肢过顶动作而加重；

（3）有时侧卧出现肩部疼痛；

（4）直接压迫受损肩袖部和肩周肌腱出现敏感反应。

3.预防与康复

网球运动中肩部损伤的预防主要是日常的关节周围肌肉力量平衡的调整维护，关节活动范围的保持，以及肩胛骨稳定性的加强与保持。而损伤一旦发生，其康复过程则需分阶段完成疼痛控制、柔韧性与肌力平衡的恢复、关节本体感受的恢复以及关节高速旋转功能的恢复等。

下面介绍部分常用的肩部损伤预防与康复的练习方法。轻微肩部损伤以及损伤康复的后期重返运动场前后，完全可以依照这些方法进行康复锻炼、减轻症状，避免损伤加重，提高运动表现。当然，没有损伤的运动员也需要定期进行这些练习，以预防损伤的发生。

网球运动造成肩后肌群、后旋肌群和肩后关节囊紧张缩短是导致损伤常见原因。针对这些原因，有两个牵拉动作最为重要，应该在每次训练后常规练习。注意保证每个动作完成2～3次，每次持续时间在20～30秒。

（1）牵拉练习。

①胸前交叉的肩后侧牵拉。

目标：增加肩后肌群的柔韧，放松后关节囊。

动作要领：上抬前伸持拍侧上臂平肩水平，侧靠墙边固定好肩胛骨，防止牵拉时肩胛骨滑动；另一只手在体前抓住持拍侧肘关节，朝向胸部用力拉伸，感觉到肩后部牵拉感，保持20～30秒完成一次牵拉（图8-37）。如感觉肩前部不适，可改用侧卧肩后牵拉。

图8-37　胸前交叉的肩后侧牵拉

②侧卧肩后牵拉

目标：增加肩后肌群的柔韧，放松后关节囊。

动作要领：朝向持拍侧侧卧，前伸上抬上臂，肩部压住固定肩胛骨防止滑动，达到肩部和肘部两个90度；随后，用另一只手向内下压持拍侧手腕部，感觉肩后部牵拉感，保持20～30秒完成一次牵拉。（图8-38）

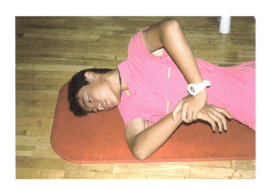

图8-38　侧卧肩后牵拉

还可以进行常规缓解肩部紧张的牵拉，如牵拉三角肌、胸大肌与背阔肌等对于肩部放松也会有一定帮助。

（2）力量练习。肩关节后旋肌群疲劳损伤和力量下降，以及肩胛骨稳定肌群力量下降而引发的肌肉不平衡是肩关节损伤的重要原因。因此，针对相应的肌肉进行增强力量的练习，如肩后外旋肌群和肩胛骨稳定肌群，对预防损伤将大有帮助。注意保证每个动作完成3～5组，每组8～15次，隔天一次。

①坐姿肩外旋肌群练习。

目标：增加肩外旋肌群的力量。

动作要领：屈膝坐位，持拍侧如图以肘部支撑于同侧膝关节，用橡皮带（或4～8磅小哑铃）做肩部外旋动作。（图8-39）

图8-39　坐姿肩外旋肌群练习

②站姿肩外旋扩胸练习。

目标：增加肩外旋肌群和肩胛内收稳定肌群的力量。

动作要领：站姿，双臂紧贴体侧同时屈肘，用弹力带做双臂外旋及挺胸动作。要求双侧上臂贴于体侧，无外展动作，以外旋动作发力同时肩胛骨内收。（图8-40）

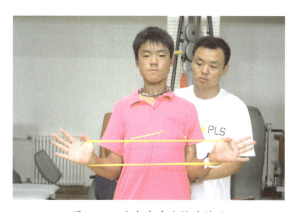

图8-40　站姿肩外旋扩胸练习

③跪姿肩前屈练习。

目标：增加肩胛上回旋稳定肌群（前锯肌）的力量。

动作要领：跪姿或站姿，以持拍侧手握橡皮带抗阻做肩前屈动作。注意保持挺胸收腹躯干稳定，肘关节伸直，动作范围保持在90～160度之间，慢速进行。（图8-41）

图8-41　跪姿肩前屈练习

④俯卧撑爬行练习。

目标：增加肩胛前伸稳定肌群（前锯肌）的力量。

动作要领：俯卧撑姿势，以双手做前进后退爬行练习。可双手腕绑缚弹力带，加双手上下台阶或软榻以增加难度和提高练习效果。注意保持躯干挺直，慢速进行，单手离地后有一定的滞空时间。（图8-42）

图8-42　俯卧撑爬行练习

⑤俯卧Y-T-W-I肩胛稳定练习。

目标：增加肩胛内收回旋稳定肌群的力量。

动作要领：俯卧挺胸，上半身稍离开床面（或地面），以双臂向头上呈"Y"字形，两侧呈"T"字形和"W"字形，在体侧呈"I"字形，完成由下向上动作。要求躯干保持稳定，仅以双肩活动完成练习。3～5个循环为1组，每次3～5组。（图8-43）

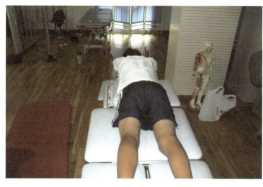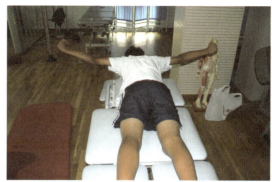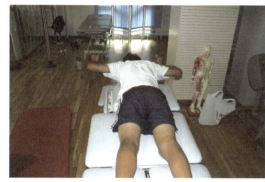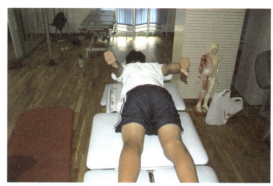

图8-43　俯卧Y-T-W-I肩胛稳定练习

还可以进行其他增强三角肌、旋肩肌群和肩胛骨稳定肌群力量的练习，以及增加肩部肌群本体感受功能的练习，如瑞士球上俯卧撑练习，提高肩胛稳定、肩袖力量和肌力平衡，可以很好地预防肩部损伤。

（二）其他常见损伤

网球运动员其他常见的损伤主要包括肘部损伤、手腕损伤、足与踝关节损伤、膝关节损伤、腰部损伤以及下肢肌肉拉伤等。

1.肘部损伤

网球运动员肘部的损伤常见于肘关节内外侧，多数是肱骨外上髁炎，又称网球肘，一般发生在业余网球选手身上。主要由于在反手击球时，依靠腕关节背伸发力击球的错误动作，或者在击球后握拍手肌肉持续紧张，导致运动员的伸腕肌群肌腱长期受负荷刺激而出现腱止点处的损伤。

肘内侧的常见损伤叫肱骨内上髁炎。在网球运动中肘内侧韧带和内上髁在击正手上旋球、切球、发球时，前臂旋转及屈肌收缩使得肘内侧承受负荷增加，长期大强度的训练与比赛后出现损伤。由于此部位的损伤常发生于高尔夫球运动中，故又被称为高尔夫肘。（图8-44）

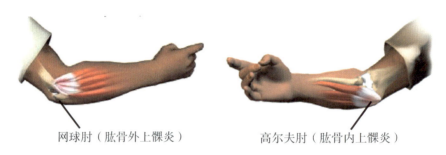

网球肘（肱骨外上髁炎）　　　　　高尔夫肘（肱骨内上髁炎）

图8-44

　　症状：网球肘及高尔夫肘分别为肘部外、内侧疼痛，疼痛可放射到前臂肌肉。

　　预防与康复：加强前臂屈伸肌群的力量训练；运动结束后进行前臂屈伸肌群的牵拉放松。康复治疗包括理疗和康复功能锻炼。

　　预防则主要是练习正确的击球动作，进行前臂肌肉力量练习及牵拉，必要时注意球拍和拍弦的选择。球拍线，建议运动员在条件允许的情况下使用羊肠线，因为羊肠线传导的振动较小；拍线的张力不宜过大（大于62磅，损伤发生风险增加）。选择大小合适的拍柄，当拍柄缠上胶带后其周长应与握拍手中指尖到手心的距离相近，过大或过小都会导致为防止球拍旋转而使抓握时肌肉用力过多。

2.手腕损伤

　　网球运动中手腕损伤可能是直接作用力损伤，如大力击球时空击、力量练习不正确或摔倒撞击导致。更多的则是长期的过度使用，特别是动作不合理，过多使用手腕引起局部长期过大负荷刺激导致。最常见的是腕关节撞击综合征，包括三角纤维软骨损伤等，以及尺骨后指伸肌肌腱炎。

　　症状：手腕前侧或后侧疼痛，偶有"咔嗒"声。部分挤压手腕时疼痛加重，手腕过度屈或伸展时出现疼痛加重。

　　预防与康复：主要是改正技术动作，减少手腕的过度使用；避免空击球动作，另外加强手腕周围肌肉力量训练、提高手腕稳定性训练有一定作用。必要的时候可以考虑使用手腕护具。

3.足与踝关节损伤

　　网球运动要求大范围跑动和小步的急速调整步法，对足与踝关节有极高的负荷要求。过度使用致肌肉疲劳，以及局部肌肉不平衡（足外翻、背屈力量薄弱），生物力学异常是出现损伤的主要原因。当然，意外的踝关节扭伤也时有发生，如训练时踩到球等。最常出现的损伤是踝关节扭伤，其他跟腱炎与足底筋膜炎也多有发生。

　　症状：踝关节扭伤多为极度内翻引起外踝的损伤，表现为外踝为主的肿胀、疼痛与活动受限等。跟腱炎则表现为跟腱下部的疼痛，急速跑动或跳跃发球时明显。足底筋膜炎表现为疲劳后足底疼痛，严重时急速跑动或跳跃发球时明显加重。

预防与康复：小腿肌肉的牵拉放松，恢复踝关节的灵活性，加强足外翻与背屈力量，加强小腿三头肌的离心力量，以及足底肌群的力量训练等都可以有很好的预防和康复足与踝部损伤的作用。适当的协调灵敏性练习和平衡稳定性练习对于预防踝部损伤也有一定的作用。

4.膝关节损伤

股四头肌群力量不足，不能很好地缓冲分担髌骨的负荷是髌骨相关损伤的重要原因之一；错误的身体姿势，或者膝关节屈伸肌群、髋内外旋肌群的力量不平衡导致膝关节局部不合理的受力，最终导致局部组织的过度负荷引起慢性损伤的堆积而发病；训练的过度负荷，肌肉的过度紧张也可能引起局部组织的长期过度负荷，如网球运动中低位截击球、左右变向跑、后跑救吊球和发球时过大的膝部动作都会引起膝关节过度屈曲等引起慢性损伤。

膝关节是网球运动员的易伤部位，常见的膝关节前方疼痛可能由以下部位的损伤引起：髌骨、髌骨下极、髌韧带胫骨附着点等的损伤；膝关节内部韧带与半月板、侧副韧带损伤等也时有发生。

症状：膝关节前方疼痛，髌骨上下沿与内侧面、髌韧带胫骨附着点等部位疼痛与压痛；膝关节内部十字韧带与半月板损伤则有膝关节内部疼痛（较少）。

预防与康复：运动员应该避免可能引起疼痛的活动，以静力性为主的训练方式提高股四头肌群及股二头肌力量（对膝关节起保护作用），并且做好运动后的肌肉牵拉放松。纠正错误的跑动姿势，矫正下肢的肌肉不平衡，加强核心稳定与平衡稳定控制能力都有很好的预防和康复作用。

5.腰部损伤

反复激烈的下背部高度伸展是网球运动员出现下背部疼痛的主要原因；另外因网球单边运动特点导致腰部与髋部左右肌群力量与柔韧不对称，例如一侧髂腰肌紧张与对侧臀大肌、股二头肌紧张引起腰椎骨盆受力不均衡而出现损伤。常见病理损伤包括下腰背部脊柱前凸、小关节移位、背部的应力性骨折（椎骨峡部裂）和椎间盘突出等。

预防与康复：康复的首要目标是控制疼痛和肌肉痉挛，随后运动员慢慢开始训练背部和腹部深层维持姿势的肌肉。进行系统的柔韧练习，恢复腰骶部正常的对称性活动范围，矫正局部姿势异常。在这些完成以后，开始腹肌和背部肌肉等核心区力量练习，增加下腰部稳定性。然后，运动员可以开始打些地面球，慢慢回到球场训练。预防方面主要是系统的柔韧性练习，矫正腰骶部肌肉张力不平衡情况，增加髋部活动范围，避免下腰背的代偿性活动；避免长时间集中做发球和过顶击球动作；交叉训练也很重要，避免过快地增加运动强度，以避免过用性损伤；矫正腰背两侧肌肉平衡，加强背部肌肉力量与稳定。

6.肌肉拉伤

没有充分热身情况下急速跑动、侧滑步时身体不稳等导致腿部肌肉的过度负荷，以及运动后肌肉牵拉放松不充分，肌肉疲劳紧张堆积等都可能引起急性或慢性的肌肉损伤。急性肌肉拉伤或慢性拉伤在大腿与小腿都有发生，职业运动员以大腿内收和后侧肌群多见，小腿腓肠肌拉伤则主要发生在业余球员身上。可能出现的病理变化包括肌肉痉挛、撕裂、肌纤维扭曲以及局部损伤性炎症水肿等。

症状：肌肉局部疼痛，相应功能受限，跑动时损伤肌肉疼痛明显。局部肌肉紧张有压痛，甚至有硬结，相应的髋关节外展、屈曲或伸踝关节活动受限，并因牵拉损伤肌肉而出现疼痛加重表现。

预防与康复：运动前的充分热身与动力性牵拉活动，运动后肌肉充分的静力性牵拉与按摩放松等对预防腿部肌肉损伤有很好的作用。腿部肌肉力量练习特别是离心力量练习，关节屈伸等拮抗肌肉群的力量平衡，以及核心稳定与姿势平衡能力的训练与保持等对于康复和预防腿部肌肉损伤也有很好的作用。

● 思考题

1.网球运动员练习柔韧性有哪些好处？

2.网球运动员如何发展爆发力？

3.网球运动员常见的运动损伤有哪些？

4.网球拍与运动损伤有什么关系？

5.网球运动损伤的预防和康复的关键是什么？

第九章
网球心理训练

⬤ **本章概要**

1.了解网球训练与比赛的心理特征。

2.掌握网球运动员在训练过程中的心理训练方法。

3.掌握网球运动员在比赛过程中的心理调节方法。

4.理解网球训练、比赛与发展自我控制能力的关系。

第一节　网球运动员心理特征

一、网球对运动员心理素质的基本要求和突出要求

网球运动员在一场比赛中要做800～1200次决策，且这些决策都是在不到1秒的时间内做出的（Weinberg & Eric, 1998）。从运动生物力学的观点来看，只要稍微改变一点拍面的角度就会使球下网或出界。这往往使球员情绪急躁。网球比赛在每分之间有5～20秒的间歇，交换场地时有90～120秒的间歇，这期间心理承受的压力更大。在网球比赛中实际比赛使用的时间一般只占总时长的1/3，其余2/3的时间都花费在分与分之间和交换场地的间歇上。在间歇时间，运动员脑海中会出现各种各样的想法，可能引发心理失常并导致随后击球的失误。极端情况下，网球比赛持续时间超长，奥运会网球比赛及网球公开赛三盘制比赛耗时最长纪录为4小时26分钟（2012年8月3日，费德勒2∶1胜德尔波特罗），而长盘决胜持续时间的最高纪录竟达11小时05分钟（2010年6月25日，伊斯内尔3∶2胜马胡特），比赛持续了3天。这无疑是对运动员的稳定性和意志力的巨大挑战和考验。

有研究者对大样本运动员的问卷调查发现，优秀网球运动员与低水平网球运动员在心理技能的众多维度上存在显著差异，优秀球员具有极强的心理能量，他们在比赛中通常都有"愉快的超常体验"。当今网坛，必须具有良好心理素质的运动员才可能成为网坛高手。费德勒思维的机敏和抢七局的果断使他成为网球神话；德约科维奇逆境应对能力的明显提高使他在短短3年内从世界排名第三、四名跃居为稳定的排名第一；纳达尔的坚强意志总是助他逆转比赛局势。因此，在网球运动员培养过程中，除技术训练、战术训练和身体训练之外，加强网球运动员的心理训练，是培养优秀网球运动员的必经之路；而强烈的成就动机和高水平上的稳定性则是所有项目、所有高水平运动员均需要具备的重要心理品质。

● 最漫长的网球比赛

2010年6月25日，伊斯内尔3∶2胜马胡特，史诗鏖战尘埃落定（图9-1）。历史上耗时最长的一场网球比赛、温布尔登网球锦标赛（简称温网）男单首轮伊斯内尔对阵马胡特的比赛持续了3天，最终在11小时5分钟、183局的较量后以伊斯内尔6-4、3-6、6-7(7)、7-6(3)、70-68获胜画上句号。

图9-1　历史上最漫长的网球比赛：2010年6月25日温网：伊斯内尔3：2胜马胡特

北京时间6月24日，本年度的温网再现热点，法国资格赛运动员马胡特与美国长人伊斯内尔用10小时07分钟上演了长盘决胜大战、163个发球局、192个ACE球、109个非受迫性失误、651个制胜分、677个总得分将温网推向高潮，而更为恐怖的是这些数字还会继续增加。一时之间，无论是球迷还是球员，都表达了对这一场经典之战的看法。

当事人伊斯内尔：这样的比赛今后不会再发生了！马胡特的发球很出色，我的发球也很好，这是我俩所能做的全部。我想去看看技术统计，看看我俩的ACE球数量到底有多少！

当事人马胡特：我们都拼尽了全力，而之前我们从没有这样过。总有人会取得胜利，明天我们会继续比赛，到时比赛会分出胜负。其实我是想继续比赛直到分出胜负的，不过当时我真的看不清楚了，所以才向裁判要求中断比赛。

瑞士"天王"费德勒：他们第五盘打到11平的时候，刚好轮到我上场比赛，可是等我的比赛结束了，他们甚至还在继续。看到这样焦灼的比赛，我实在是不知道说什么好了。这样的比赛精彩程度远远超过此前我看过的所有比赛，这个比分也超出我的想象。不知道他们两人第二天感觉如何，甚至这种影响会持续到下个星期、下个月。无论如何，有了这么一场不可思议的比赛，不论最后谁胜谁负，对于两名运动员来说他们都是胜利者，因为他们奉献了一场美妙的比赛。

网坛名宿麦肯罗：不得不说，作为这样一场伟大比赛的见证者，能够看到两名球员的出色发挥，我感到非常荣幸。很惊讶两名球员竟然还能站着比赛，马胡特和伊斯内尔几乎一整天都在打球，10个小时以后他们看起来就要倒下了，但小伙子们都坚持了下来。我希望看到这场比赛周四能够在中央球场进行，这是网球运动中罕有的伟大表演。当然，我也很为这场比赛的主裁判感到心疼。

美国"大炮"罗迪克：我曾经打过几次马拉松般的长盘决胜，我认为在这样的情况下你要在精神上保持稳定，尤其是在草地上比赛时，这很重要，还要试着去拿下你发球局的第一分，要知道当你发球时，0：15和15：30这类的比分都是很冒险的。很显然他们俩都做得不错。当然，我最大的疑问是：他们不用去厕所吗？还有裁判，难道他也不用去厕所吗？

英国天才穆雷：这场比赛证明了为什么我总是认为网球是世界上最艰苦的运动之一，并不会像一些人认为的那样简单。我认为，今后不可能有别的比赛能赶上这一场那么经典了，它太不可思议了。

麦克·布莱恩：哦，天呐，这场比赛的时间太长了，让我看得都难以忍受。我想我会学聪明些，在70∶70的时候再打开电视机观看。

库兹涅佐娃：你们看了伊斯内尔和马胡特的比赛了吗？真是令人震惊的比分，难道他们不饿吗？我真想知道他们在比赛中吃了些什么。

球迷：这两位打的已经不是球了，打的是寂寞。

球迷：太恐怖了，再打下去会打出人命的，以后网球还是取消长盘制好，对观众对球员都是好事，为什么不可以人性化而硬要这么呆板？

（引自：刘琦.体坛网,2010-06-24.）

（一）机能优化

优秀运动员的专家特征集中表现在机能优化和机能简化两个方面。例如，在生理方面，优秀运动员的肌肉收缩和代谢过程有明显的机能节省化现象，即功效/努力比值提高，表现之一是，该放松的肌肉放松，该发力的肌肉发力，拮抗肌群表现出良好的协同性。而在心理方面，优秀运动员包括网球运动员表现出完全相同的特点（图9-2）。经过30多年的研究积累，运动心理学的研究者逐渐勾画出优秀运动员的一些机能优化和机能简化特征。

图9-2　费德勒的动作结构表现出明显的机能优化和机能简化特征

例如，研究表明（Mann等，2007），优秀运动员的决策准确性高于一般运动员约31%，决策速度快于一般运动员约35%，注视目标的次数少于一般运动员约26%，但注视点固定在目标上的持续时间长于一般运动员约23%，眼动安静期（视觉固定在目标后与做出动作反应之间的时间，此时间可用于加工环境信息和筹划运动决策）长于一般运动员约62%。总之，此类研究成果提示，优秀运动员在完成特定任务时，动员的能量更少，存留的余量更多；相关系统的参与高度集中，无关系统的参与相对较少；知觉速度和决策速度更快；运动操作更加有效。这就是优秀运动员机能优化和机能简化的专家特征。

（二）自我控制

优秀网球运动员必须具备良好的自我控制能力，这种自我控制能力集中表现在成就动机、情绪控制、注意控制及思维控制等方面。

1.成就动机

动机是推动一个人进行活动的心理动因或内部动力，对人的行为具有始发作用、指向作用和强化作用。对于优秀运动员等在事业上取得卓越成就的人而言，有一种动机是非常重要的，即成就动机。成就动机是由成就需要引发的，而成就需要是人的一种基本需要（Murray，1938），指一种内化的、出人头地的愿望（Coon，2004），反映了人们在个人目标和工作志向方面的差异（Zimbardo & Gerrig，1999）。在任何竞争、评价或比较的场合，成就需要程度高的人都会尽力争取比别人做得好。强烈的成就动机是运动员应对逆境、自我激励的源泉。成就动机有不同的表现形式，例如，一个运动员参加网球比赛的动机可能源于希望战胜那个自己从未战胜过的对手，或是源于希望赢得高额奖金，或是源于达到一个过去没有人达到的比赛目标。

⚫ 我需要一个新目标

我在巴勒莫的大街上逛来逛去，喝很浓的黑咖啡，试图弄明白我到底怎么了。我做到了——我现在是世界排名第一的网球运动员了，但我仍觉得很空虚。如果成为世界第一我还感觉空虚的话，那为什么还要继续坚持呢？干脆退役得了。

我想象着我宣布退役时的情景，我甚至开始想我在新闻发布会上如何措辞。几个人的脸浮现在了我的脑海中：布拉德、佩里，还有我父亲，每个人都很失望，都颇为震惊。同时，我也告诉自己退役解决不了本质的问题，退役无助于我弄清楚我今生到底想要什么这一问题。我将成为一个25岁的退役者，这听起来与九年级辍学生大同小异。

不，我需要一个新目标。真正的问题是，一直以来，我的目标就是错的。我从来不是真的想成为世界第一，那只是别

图9-3　阿加西1999年获得法国网球公开赛男子单打冠军

人为我设定的目标。循着别人为我设定的目标，我成了世界第一，我得到了电脑排名系统的青睐，那又怎样？我认为自己从儿时起一直想要的，以及我现在想要的要远远比这更为困难，更加有分量。我想要在法网赛称王（图9-3），这样我就将四个大满贯头衔收入囊中，这才完满。我将成为公开赛年代以来第五位完成此壮举的人——并且是第一个美国人。

（引自：安德烈·阿加西.敞开心扉：阿加西自传[M].刘世东，译.北京：中信出版社，2010:199-200.）

2.情绪控制

情绪是由生理唤起、认知解释、主观感觉和行为表达四部分组成的心理过程。理解和控制情绪需要某种特殊的"智慧"，即情绪智力。长期以来，由于心理学的研究与推广，人们对于IQ（智商）有许多耳闻，知道它对人们的成功很重要。20世纪80年代后，心理学开始关注和研究EQ（情商），并引起人们的广泛关注。一些心理学家（如Goleman，1995）甚至认为，在人们追求卓越的过程中，EQ比IQ还重要。以EQ标定的情绪智力是一个多维度概念（Goleman, 1995; Davies, Stankov & Roberts, 1998; Mayer & Salovey, 1997），指个体评价与表达自己情绪的能力，确认与评价他人情绪的能力，调节自己与他人情绪的能力，利用情绪完成任务的能力（Davies, Stankov & Roberts, 1998）。（表9-1）

表9-1 EQ的不同维度及示例

EQ的不同维度	典型人物示例	网球运动员示例
评价与表达自己情绪的能力	孙悟空、卓别林、憨豆先生	德约科维奇
确认与评价他人情绪的能力	德兰修女、侯宝林	亲爱的读者，你能找出一个实例吗
调节自己与他人情绪的能力	海伦·凯勒、张海迪、赵本山	纳达尔、费德勒
利用情绪完成任务的能力	越王勾践、基督山伯爵	纳达尔、费德勒

在网球中，体现情绪控制能力的场合有很多，例如，取得理想成绩后设置新的目标并继续前进；处于低谷时激励自己，坚持不懈；裁判误判时保持冷静；比赛关键时刻（抢七、赛点等）保持冷静，果断行动；找到合适方式与教练、队友及时表达和沟通自己的情绪；在双打中激励自己的队友；等等。

尽管对于人们的成功，究竟是IQ还是EQ更重要，心理学并无定论，但EQ及其主要成分——情绪控制对网球运动员具有至关重要的作用，是运动心理学家、教练、运动员、管理人员的共识。IQ受遗传影响较大，EQ受环境影响较大，也就是说，EQ的可塑性更强。运动员完全可以通过后天训练提高自己的EQ，特别是情绪控制能力。

3.注意控制

注意是心理活动对一定对象的指向和集中，其作用是：使人选择有意义的、符合需要的或者与当前活动任务一致的各种刺激，避开或抑制那些无意义的、附加的、干扰当前活动的各种刺激。例如，网球运动员拿到赛点时，就会处于一种高度集中的、范围狭窄的注意状态。人的注意就像探照灯，光束可宽可窄，还可不断转动。探照灯指向的方向和范围，就是人的心理活动指向的方向和范围。

运动员的高度自控往往表现在对注意的控制上，其包括两个方面：一方面是对技术性信息的注意。例如，在对手发球时，需要注意（盯住、扫描）对手身体的关键部位才能有助于预判发球落点、做出提前移动的决策。另一方面是对心理性信息的注意。例如，运动员赛前、赛中是否将注意指向当前（将注意定位在当前任务而不是过去的结局和将来的结果）、过程（将注意定位在技术和战术而不是比赛结果）和主位（将注意指向自己的思维和行动，而不是天气、裁判、观众、比赛规则等难以控制的因素），会对比赛表现和比赛成绩产生重要影响。

4.思维控制

这里的思维控制，主要是指对思维方向、思维内容的控制。例如，在思考和分析已经发生的事时，是关注做对的事还是做错的事，是记住成功还是记住失败？在思考和分析当前状态时，是强调优点还是缺点？在思考和分析将要发生的事时，是思考和分析消极结果还是积极结果？显然，这涉及思维方式、思维习惯问题。积极的思维方式和思维习惯可以帮助运动员保持积极的心态。

二、网球运动员最佳竞技状态的心理特点

根据奇克森特米哈伊（Csikszentmihalyi）在1990年的研究，运动员和演艺家在比赛和表演时的最佳状态有以下九个特征。

（一）要求在挑战与技能之间取得平衡

在比赛中，运动员对自己技能所能达到的水准可以有不同程度的要求，挑战极限是其中最高的追求。处于最佳状态的运动员对自己的技能水准有明确的目标，又不强求自己一定要做到最好。如正手回球的过程中，要求自己"瞄准边线附近的区域回球"，而非必须"瞄准边线回球"。

（二）行为与意识的融合

常表现为对所做技术或战术的自主感与自发感，即感到可以控制自己的行为。网球运动员在描述自己的比赛状态时有句经典表述"状态好的时候是'指哪儿，打哪儿'，状态不好的时候只好'打哪儿，指哪儿'"。这种"指哪儿，打哪儿"的状态就是行为与意识的融合。设计内角发球战术并成功得分，或成功通过正手斜线引起对手跑动后再以直线得分，都属于此类。

（三）明确的目标

对本场比赛的结果和过程有明确的目标，特别是对比赛过程中的技战术要点有具体目标。如纳达尔在其自传《拉法：我的故事》中回忆2008年在温网决赛中与费德勒的对战，就反复提到本场比赛明确且贯穿始终的结果性目标"战胜费德勒"和过程性目标"坚持防守战术，等待费德勒犯错误，该出手时才出手"。

（四）清晰的反馈

在自己的技术或战术实施后，或当一分结束后，对自己和对手的情况能够客观分析，并通过表象或语言给自己以反馈。如一球结束后有如下自我言语："这一球角度内角发得很准，成功逼迫他用薄弱的反手接球失误。下一分可以继续逼迫他用反手接球。"清晰的反馈可能会出现在分间、局间和盘间的休息时间中，常表现为积极的自我言语和身体语言。

（五）对所用技能的完全关注

完全关注所用技能意味着人的注意完全指向自身，不受外界环境的信息干扰。全神贯注于高压球动作的运动员听不到观众发出的惊呼声，只在内心提示自己"看准球，压手腕！"。这就是典型的"对所用技能的完全关注"。此外，优秀运动员在发球准备过程中会在头脑中进行落点的表象，继而指挥身体完成发球的过程也属此类。这种与活动成为一体的状态是最佳竞技状态的重要特征之一。

（六）不需努力处于控制中的控制感

一种"随心所欲"的状态，表现为即便想要完成的技术、战术难度较高，也能够轻而易举地顺利完成。德约科维奇以对身体的超强控制能力而著称，他在比赛中状态上佳时，经常在身体几乎失去平衡的情况下击出快速的压线球。这种技术的完成一定是由于他有意识地对自己的身体进行了控制，但这种控制对当时的他而言，是一种在自动化的行为程序指挥下，几乎"不需努力的控制"。

（七）自我意识消失

很多优秀运动员在回忆自己最优异表现的比赛时，都提到"忘我"，并表示难以回忆起或者无法用语言描述出自己当时的具体想法，仿佛处于最佳状态时，一切都是自然而然发生的。这是因为比赛当时运动员主要依靠右半球运动中枢指挥运动动作，左半球语言中枢相对抑制，左右半球形成正向关联性下降、反向共变性提高的工作状态。

（八）时间意识消失

关于时间意识，在2009年斯诺克世锦赛上，英格兰运动员马奎尔有这样一段表述："这一场比赛发挥得真差，有时候因为太糟糕，我都对比赛的输赢无所谓了，我只想结束比赛，我一点都不享受比赛。"（石圆圆.搜狐体育，2009-04-27）发挥糟糕或者大比分落后的运动员感到比赛时间长，过得慢，只想快点结束比赛；而对于处于最佳竞技状态的运动员而言，情况则刚好相反。时间意识消失是指他们会感到时间似乎过得很快，或者没有意识到时间的流动，而与比赛时间密切相关的疲劳感也因此被淡化。

（九）自含目的体验

自含目的体验即专注在活动本身而不考虑活动的社会意义的体验。在优秀运动员的得奖感言和赛后采访中，"享受"是绝对的高频词汇。专注于比赛的过程本身，享受掌控比赛局面，挑战自我极限的快感是处于最佳竞技状态的运动员的重要特征，也是以上8个方面的最终结果。

包含上述特征的这种最佳表现状态也称流畅状态，它是一种自然发生的、完全投入的、自我享受的特殊状态。人们在各类活动中，如旅游、艺术创作、工作、运动活动等，都可能有这种愉快体验或高峰体验。显而易见，流畅是一种最佳体验或高峰体验。在人们从事的所有活动中，体育运动最容易产生流畅体验（Jackson & Eklund, 2002）。

第二节 网球运动员心理训练

一、提高自信的训练

（一）可控因素指向法

在探讨自信这个问题时，可以先考虑这样的情景：为什么在公园遇到虎和在森林遇到虎会有完全不同的感受？为什么遇到强手和遇到弱手会有完全不同的感受？两者有什么共同点？

事实上，公园虎和森林虎的最大差别在于，前者被关在笼子里，我们可以控制它，而后者不可以，因此，我们对前者没有恐惧；同样的，强手和弱手之间的差别，也是在于是否可以控制。控制感是自信心的主要来源之一。由此，我们可以采用可控因素指向法来进行自信心的训练，其具体操作步骤如下：

（1）写出影响比赛成绩的主要因素，如裁判、睡眠、饮食、天气、发球等。

（2）标出影响因素的可控程度，可在1~10中选择相应程度的数字）。

（3）计算各因素的平均可控性，比较自己与全队平均数的差别。

（4）将注意力集中在可控因素上，忽略不可控因素。

（二）成功情景想象法

认真地想象一下你正在尝柠檬或者吃酸梅，就会感到流口水的冲动，这就是表象的作用。表象训练是运动员运用得最广泛的心理技能之一。下面介绍的成功情景想象法就是表象训练法的一种。

让运动员以观看成功动作为主、不成功为辅的录像，以便获得和保持积极、正确、成功的表象（如观看从不同角度进行录影的成功发球动作后进行的表象）；在训练间歇中，做正确、成功的运动表象，逐渐提高表象的清晰性、稳定性和可控性；在睡觉前做关键动作的表象10次，以将正确的动作形象固化在大脑中。通过这样的练习，运动员可以增强对表象的驾驭能力，更好地发挥表象训练效果。

进行表象训练时还应注意：平时训练应进行细节和整体动作表象练习，比赛关键动作之前应进行整体动作表象练习，以避免由于将注意过多集中于动作细节而影响了整体的流畅性。

（三）积极语言暗示法

在运动竞赛中，"别想输赢""别受伤""别紧张""别失误"这类消极想法是运动员不愿意面对的，但又经常会浮现在脑海中。面对消极想法，人们更多想到或首先采用的应对策略就是抑制策略，即"别去想什么"或"什么都别想"的应对策略，但这样做的效果如何呢？往往适得其反。这称作自我控制的逆效应。

心理学家进行过这样一个系列研究：他们让研究参与者观看了澳式足球运动员、教练和裁判的录像片段。研究一发现，要求研究参与者别去注意裁判时，他们更多地看了裁判，表现出逆效应。研究二发现，在抑制消极想法时，如果给研究参与者以任务相关线索词来重新集中注意，将消除逆效应。

由此，心理学家提出了自信训练的积极语言暗示法：请运动员在训练日记中罗列临赛前和比赛中经常运用的自我提示语，找出这些自我提示语中的消极成分，用积极提示语替换消极提示语，每天训练前默念积极提示语3次，以形成做积极语言暗示的习惯。使用这个方法的原则是：提示自己应该做什么，不要提示自己不该做什么（图9-4）。理由在于：第一，关键时刻不该做的事情太多，应该做的事可能就一二件，做对了就能取胜；第二，一般人很难做到"什么都不想"。

图9-4　中国网球队体能训练房内布置的横幅和海报都是积极的心理暗示

（四）消极思维挑战法

是控制、不许消极的念头出现更容易，还是消极的念头一出现，就加上一个"但是"和"积极想法"更容易？显然，后者更容易。"但是"是一个特殊的转折词，"但是"后面的内容往往比"但是"前面的内容更重要。正是基于这样的道理，心理学家提出了消极思维挑战法作为提高自信心的重要手段之一。具体做法是：

让运动员将自己的缺点、困难、不利因素特别是错误观念一一列在一个表的左栏，在"但是"之后的右栏，写下转折性理由；养成习惯，一旦出现消极念头，就补上一个"但是"，并提出若干"但是"的理由。

例如：我的个子矮，但是，我比高个子灵活。

🟢 谁说我们抽上死签了

纪伯伦说，除了通过黑夜的道路，人们无法到达黎明。对于运动员来说，生活中的逆境远远多于顺境。训练伤病、比赛失误、客场劣势、裁判不公，当种种不利摆在眼前，是放弃，还是继续前进？对于奥运冠军来说，答案只有一个，那就是前进，因为只有前进，才有梦想实现的可能。雅典奥运会，中国女子网球双打的两位队员除了带给我们惊喜，更让我们看到了中国运动员在逆境中乐观不屈的精神和永不放弃的勇气（图9-5）。

拥有十余年网球专业运动经验的李婷/孙甜甜组合，在奥运会前是国内头号女双组合，然而好不容易拿到比赛8号种子排名的她们，首轮抽中的居然是美国的大威廉姆斯和鲁宾。这对非种子组合乃是由两个没有任何双打积分的单打高手所组成，"当时认识的人都跟我说，咱们抽上死签了，我说那不一定，我要证明给你们看。"主教练余丽乔说，"只有攻击她们配合的漏洞，我们才有胜算。"

比赛开局就是一边倒，中国姑娘们明显发紧，经验丰富的大威和鲁宾趁机破发成功。好在中国姑娘们很快进入状态，孙甜甜的后场对攻与李婷的网前发挥威力，而两位单打世界前十名的大威和鲁宾，从未配合过双打的劣势开始显现。"双打最讲究配合，因为发球的和网前的队友需要商量战术，美国这两个运动员从没有配合过，怎么会有战术？"余丽乔说。此后中国姑娘们越打越顺，7：5拿下首盘。但在第二盘，大威和鲁宾以6：1还以颜色。

图9-5　李婷、孙甜甜在雅典奥运会上勇夺网球女双金牌，开创了中国网球史的新纪元

决胜盘，中国姑娘终于抓住对手配合的漏洞，以6：3拿下。这是中国女双首次战胜单打排名如此靠前的运动员。自此，中国姑娘士气大振，又战胜了一个又一个强劲对手，奇迹般地夺得雅典奥运会网球女双冠军，开创了中国网球新纪元。

（五）世界纪录回顾法

吉尼斯世界纪录总是使人惊讶：人们能够打破那么多局限，创造那么多奇迹。给运动员买几本《吉尼斯世界纪录》传阅，然后，组织讨论会，讨论如下问题：要想打破世界纪录，必须具备哪些条件（会有许多）？要想打破世界纪录，首先应该具备什么条件（心理的破冰船）？对世界纪录的回顾，可以启动榜样作用，帮助运动员理解：我们能做到的，往往比我们以为我们能做到的，还要多得多。

（六）外部动作法

运动员可以利用很多外部动作来帮助自己提高自信心，具体包括：做事时，尽量反应迅速，动作敏捷；与别人交谈时正视对方的眼睛；大声回答对方提问；适当做些大型手势；尽量多地保持微笑；握手时要多用力，让对方感到你的力量；签名时要将自己的名字写得大一些；发言时声音要大，语速要慢，眼睛注意听众。

二、提高动机的训练

（一）目标设置

与动机相关的一项重要的心理技能，也是训练和比赛的重要构成成分，就是目标设置。好的目标设置可以帮助运动员区分重要事件的优先次序，提供努力的方向并帮助运动员集中注意力，提高努力的程度和坚持的信心，帮助维持动机水平，高质量地完成各项任务。

运动领域中的目标可分为结果目标和操作目标。结果目标主要关注竞技运动的结果（如进入一项三级赛事的前4位，年终WTA排名进入前150位）；而操作目标关注实现标准或者操作目的，受对手影响较小，通常只与运动员自己以往的成绩进行比较，例如，一发成功率比上一场比赛提高20%。训练期和比赛期的开始阶段，运动员应该与教练一起，对上赛季的表现进行全面分析，针对新的对手进行新的布置，从而完成科学的目标设置。目标设置后，根据实际情况应当及时进行调整，最终目的在于帮助运动员获得比赛期间的最佳状态，因此，在目标设置时应遵循以下原则：应兼顾挑战性与现实性；应注意目标的具体内容和可操作性；应分为短期目标和长期目标；应分为训练目标和比赛目标；应区分个人目标和团体目标；应明示目标，以督促实施。

（二）动机激发

张力为和毛志雄（2007）提出了培养和激发运动动机的一系列方法，包括满足运动员追求乐趣、归属集体、展示自我的需要；教练应当对运动员出现的正确行为及时进行强化，正确使用强化的方式和量度，从而激发运动员动机；在激发动机的过程中，要注意因人而异，根据运动员的不同情况，选择依从、认同或内化的方法，对其进行引导；改变教学与训练的环境是培养与激发运动动机的间接方法。这个环境包括物质环境和心理环境。通过设置具有趣味性和启发性的环境，可以满足运动员接受刺激、追求乐趣的需要，进而培养和激发内部动机；在训练和比赛中，更多地给予运动员自主权，培养运动员的责任心。

三、控制情绪的训练

情绪心理学家格鲁斯（Gross, 2001）认为，情绪调节是在情绪发生过程中展开的。在情绪发生的不同阶段，应采用不同的情绪调节方式（图9-6）。我们可以根据格鲁斯的情绪调节过程模型来设计情绪控制训练：在情绪发生之前，可以采用情境选择、情境修正、注意分配和认知改变四种方式来控制情绪；在情绪发生之后，可以采用反应调整的方式控制情绪。

（一）情境选择

情境选择指个体对自己将要遇到的人、事、情境做出接近或回避的选择，进而控制情绪的努力和策略。例如，举重奥运冠军石智勇到了全运会赛场之后，临赛前去逛公园，通过游山玩水减轻压力；再如，飞碟奥运冠军张山在赛中第一轮与第二轮之间找一个安静地方，坐在椅子上静听音乐，回避任何比赛相关信息，以便回收注意，做好下一轮比赛的心理重新定位。

（二）情境修正

情境修正是通过改变诱发情绪的情境的某一方面和某一特点，进而控制情绪的努力和策略。例如，面对一个吵架的邻居，可以有三种解决方法：离开、忍受和制止。假如采取制止的方式，前去要求邻居放低音量，就是情境修正的策略；再如，男子网球高手索德林局间休息时，习惯性地将大毛巾罩在头上，在喧闹的球场创造一个安静的小环境，也可视为情境修正的策略。

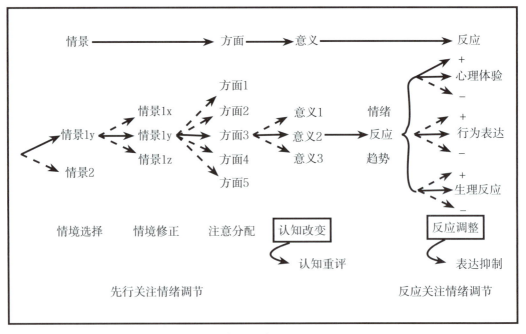

图9-6　格鲁斯的情绪调节过程模型

注：根据这一模型，情绪调节是在情绪发生过程中展开的。在情绪发生的不同阶段，可采用不同的情绪调节方式。（引自：Gross, 2001）

（三）注意分配

注意分配是通过转移注意和有选择地注意，对同一情境中的多方面进行注意上的调配，使注意力集中在有利于完成当前任务的线索上。例如，运动员集中注意在下一个发球落点上，而忽视仍在看台上走动的观众，就是对注意的调配。这显然有利于运动员关注可控信息，忽略不可控信息，从而控制情绪。

（四）认知改变

认知改变是通过调整认识，进而控制情绪的努力和策略。情绪的产生需要个体对知觉到的情境赋予意义，并评估自己应对和管理该情境的能力。每一种情境元素都包含多种意义，允许多种认识。对不同意义的确定和选择，可以改变情绪产生的过程，进而控制情绪。从情境选择到认知改变，反映了情绪调节所产生的信息加工过程的不断深入。

（五）反应调整

反应调整是指情绪被激活之后，对情绪反应（心理体验、行为表达、生理反应）做出调整，以降低或增强情绪反应的行为方式。

降低性反应调整的方向是使张力缩减。例如，因为第一个发球局就出现了双误而感到非常懊恼时，运动员可以采用自我谈话的方式使自己平静下来："先把要出现的双误都发出去，后面自然会越打越好。"再如，赛前、赛中需要控制紧张、焦虑、忐忑不安的情绪时，运动员可以采用深呼吸、听轻音乐、看冷色物体或画面、揉搓面部、用非利手握拍以便让利手的肌肉放松等方式使自己平静下来。

增强性反应调整的方向是使张力提升。例如，如果你的情绪被激动的网球球迷所唤起，索性跟着人浪挥舞起伏，就是在提高兴奋性。再如，需要增强自信、震慑对手、咬牙坚持时，采用紧握双拳、怒视对手、跑步上场等方式提高士气，这也是在使用增强性反应调整的行为方式。

四、加强意志的训练

意志是个体自觉地确定目的，并根据目的支配、调节行动，克服困难，实现预定目标的心理过程，其结构包括独立性、果断性、坚定性、自制性、坚韧性五个方面（彭聃聆，1988）。

相对于其他许多运动，网球比赛时间长，比赛潜在转折点多，对运动员意志力的要求尤为突出。温网、美网冠军休伊特被称为"澳洲野兔"，有跑不死的战法和特点（图9-7）。他曾在接受采访时说："在我的记忆中，心理无法承压的情况从未出现。意志力是我自从少年比赛时就已经具备的一种能力。

图9-7　温网、美网冠军澳大利亚运动员休伊特在比赛中握拳庆祝自己得分

相对于其他很多运动员来说，我不是那么强壮，我无法在力量上或者发球上战胜他们，所以我必须要找到另外一种可以战胜他们的法宝。"

意志强的运动员在网球比赛中更容易获得胜利，这绝不是一种巧合。澳大利亚维多利亚大学的学者珍妮特·杨（Janet Young）在研究中指出，网球史上诸多优秀运动员无不具备这样的能力：在压力下表现尤为出色；总能坚持咬到最后一分；困难和挑战越多，信心越坚定；无论在训练、练习还是比赛中都表现出最好的状态等。这些特征都是意志的重要体现。

近年来，抗压能力训练（mental toughness training）作为意志训练的一个新热点，在运动心理训练领域日渐得到关注。有学者的研究将心理抗压能力定义为"是一种在压力或逆境中面对目标坚定不移的行为和信念"，并总结出心理抗压能力强的运动员所具有的一系列特征（表9-2）。需要特别指出的是：心理抗压能力可以被划分为不同程度或水平；对不同运动员而言，各个特点重要性和可塑性不同，且所列特性中绝大部分是可以通过训练获得并改变的。

表9-2　心理抗压高手的特点

心理抗压高手具有以下特点
对于自己在网球比赛中达到目标所具备的技术和能力坚定不移的自我信念
对于胜利永不满足的内驱力
对于网球运动的热爱
可以不受干扰地集中于当前任务，可以根据需要转换与网球相关的注意力
因竞争压力而兴奋（认为竞争性焦虑无法回避，但明白应当如何应对）
当落后和失败时，决心反而更加坚定（在突发事件后可以很快恢复控制感）
在训练和比赛中超越生理和情感痛苦的极限

教练在运动员进行意志训练的过程中具有举足轻重的地位（Daniel Gucciardi, Sandy Gordon, 2011）。教练不仅仅是网球知识和技能的提供者，还能帮助运动员树立诸如刻苦训练、遵守纪律、快乐比赛、幽默、热情、坚韧和坚持等重要的价值观，这些价值观构成了运动员意志力与强大信心的基础。教练应该将运动员的意志训练贯穿在整个训练、比赛、教育的过程中，并通过以下方法帮助运动员成为抗压高手：

1. 鼓励运动员建立网球生涯的目标体系

如果能拥有清晰且有意义的目标，运动员就会明确目的和方向，从而提高其前进的内驱力和责任心，增强面对困难时的意志力。运动员的确需要一个现实的目标（其中包括了可能遇到的困难和挑战），可他们也同样需要了解这条道路可以带给他们怎样的收获。在树立梦想这个环节中，教练要多花时间和运动员讨论上述两个方面的问题。另外，教练可以与运动员一起设立通往最终成功的具体目标，使运动员看到自己的进步，享受自己的进步，这是非常重要的一项工作。具体而言，这些工作可以包括：

（1）带运动员观看高水平赛事，花时间为他指出比赛中的闪光之处。

（2）给运动员看以前冠军成长经历的录像，阅读以前和现在的冠军的传记和相关材料，分析意志在其成功过程中所起到的重要作用。

（3）和运动员一起回顾经典的大满贯逆转赛事，帮助运动员理解意志会带来希望和转机。

（4）积极回顾自己的网球经验，分享自己作为运动员和教练那些有趣和值得回忆的记忆。

2. 准确界定"成功"，将意志的有关内容具体化

教练应强调日常每一次训练，每一项练习甚至是比赛中的每一分钟都体现了运动员的意志力，这些点滴积累都与运动员的梦想是否能实现息息相关，而这种意志力本身也是一种职业道德。界定"成功"时可以包含以下内容：

（1）从无法回避的错误和失败中学习。

（2）每天的训练和比赛都要做到最好。

（3）享受比赛中无处不在的挑战。

（4）用不断增强的信念克服困难，迎接挑战的能力。

教练想要帮助运动员实现上面界定的这种成功，必须及时强化运动员在学习、练习和提高技巧中所表现出来的努力和责任感。

3. 在比赛准备过程中强调意志的重要性

教练可以指导运动员养成竞技习惯，为每一场比赛做好计划，并且在计划中包括一些具体的意志要求：

（1）接受那些作为运动员无法改变的条件（如大风天气、裁判不公等），更多考虑如何将这些情况转化为自身优势。

（2）无论比分如何都付出100%的努力，永不放弃。

（3）无论犯错还是打出一个好球，都要立刻将注意力转移到下一分。

（4）享受比赛，享受竞争，为自己付出的努力和所承担的责任而感到骄傲等。

4. 注重自身榜样的力量

教练自身在场内外的行为模式毫无疑问会对运动员产生长期的重要的影响。教练成为运动员的模仿对象的例子屡见不鲜，绝不能轻视这种作为榜样的责任感。因此，教练须在其执教过程中表现得乐观，有担当、坚定、睿智、幽默且自信。将自己塑造成一个榜样绝对是种好办法，但做起来可不容易。首要的是教练自身要有坚强的意志，并且要具备强烈的责任感。

5. 应注意保持指导的一贯性

一贯性是指教练对运动员的指导不应只与比赛结果直接相关，因为运动员在比赛中所表现的意志力与比赛结果之间不是绝对相关的，而是与运动员在困难、挑战和压力条件下能否发挥稳定和发挥最好的竞技能力有关。因此，教练对于运动员的态度就应该与比赛胜负无关，而是反映出运动员是否达到上述界定的"成功"的具体要求，尤其是意志力方面的要求，也就是我们在训练中常要求运动员做到的"比赛作风"。

6.给运动员决策权

运动员在场上意志力的最重要体现，就是能够进行正确有效的决策，并对自己的行为和表现负责。运动员当然不可能控制场上的所有情况，但可以控制自己对于这些情况做何反应。因此，教练在此方面对运动员最大的帮助就在于让其相信自己的能力，且无论在任何情况下，对于每一分都要尽100%的努力来达到预定目标。教练应鼓励运动员做决策，让他们体验到失败、失望和挫折都是成长过程的一部分。对运动员的过度保护绝非好事。事实上，教练有责任让运动员明白，应该为自己在练习和比赛中所做的决策负责，这是他们在通往成功路上所必须经历的。

五、提高表象能力的训练

运动领域广泛应用的表象训练包括一般的表象练习和针对专项的表象训练。表象训练需要注意：

第一，最好在放松状态下进行表象训练。要尽可能进行现实的逼真表象。表象内容不但要确保图像的清晰可控，还要确保涉及可能在比赛中体验到的心理状态，包括自信、注意控制、最佳唤醒体验及其他有助于提高操作表现的心理状态。

第二，表象应当模拟真实情境。例如，假设比赛发球从站到发球位、到拍球、到抛球、到发出，共需10秒，就应在表象中模拟这个运动动作的程序，同样用10秒完成，而不是5秒或15秒。

第三，在表象过程中，不但要表象技能操作的过程，而且要表象技能操作的结果。例如，表象扑救正手时打一个直线球，就应确切地表象出击球后你所希望的由场外击回至场内的那个回球落点；再如，表象在二区发外角球，就应确切地表象出发球击中的那个接近边线的点。

第四，表象训练的时机因目的而异。训练前进行表象是提高技能的有效途径；比赛中进行表象有助于集中注意，提高自信，演练战术，得分获胜；伤病期间的表象练习有助于保持运动技能水平，使之不至于下降过快；临睡前进行表象练习则有助于动作技能的巩固。

六、控制注意的训练

在网球训练中可以插入很多提高注意能力的训练方法，帮助运动员在比赛中更好地集中注意力，魏伯格（Weinberg）在他的《网球：赢得心理比赛》（*Tennis: Winning the mental* game）一书中提出了如下方法（经常在训练中使用这些方法，可以收到很好的训练效果）。

（一）彩球法

利用两种颜色的彩球进行多球练习，要求练习者注意观察球的颜色，根据颜色决定球的线路。喂球的速度可以决定练习的强度。

（二）连续触地球练习法

此练习可以用来集中注意力、增加耐心和提高自律性。根据自己的技术水平选择特定数量的地面球，保证在击球过程中不会出现失误，无论以什么方式都要尽力完成自己的目标。

（三）快速交换法

选用具有多种速度的发球机，运动员站在网前截击的位置，然后让发球机以一个运动员舒服的速度出球，待运动员适应后球速可慢慢提升。当球快速飞来时必须全神贯注，否则无法击打到球。

七、控制思维的训练

语言是思维的工具。因此，控制思维可以借助自我谈话进行。自我谈话是一项重要的心理技能。积极的自我谈话可以提高自尊、集中注意力和提高运动表现；相反，消极的自我谈话则会增加焦虑，破坏注意的集中，削弱自信。由于我们通常不能阻止自己的思想，所以关键的问题不是是否去想，而是什么时候想，如何去想，想些什么。

（一）自我谈话是如何发生作用的

人们普遍认为比赛本身或比赛结果决定着我们的身体和情感反应，这其实是一个误解。通过对结果的解释，我们可以调整和控制对结果的反应。例如，在拥有5个赛点的时候，反而输掉了比赛，你的反应是生气、失落、心烦意乱，这会导致你缺乏继续比赛和训练的动机，甚至会导致你憎恨和厌恶比赛和训练。因为你虽然尽了全力，但依然输掉了重要的比赛。但你完全可以换一个角度看问题，例如"我认识到必须集中注意力，如果我期望赢得今后比赛的胜利，我需要继续专注于我的训练"等。其实，你应该相信你有能力赢得比赛，但是需要在训练中更加努力。

（二）自我谈话的作用

自我谈话是行动的线索或提示。自我谈话完全可以起到激发运动员的作用。例如，如果步法或站位出了问题，就可以使用"快速""移动"等语言来提醒自己，更好地完成技术动作。其实，在训练中我们也经常听到教练利用简短的话语来指导技术动作，运动员要做的就是将这些语言变成自己的话并且在教练不在现场指导时熟练自如地使用。

自我谈话有助于完成比赛和训练任务。尽管在比赛和训练的任何时刻，运动员始终做好准备是困难的，但是，一旦进入比赛，运动员就必须将自己保持在高度投入的竞技状态。运动员可以通过自我谈话，诸如"坚持""顶住"等，来帮助自己维持高水平的投入状态。

自我谈话有助于掌握和改善技术。精确简单的短语如"手腕用力""肘部伸直"等，都可以帮助运动员尽快掌握技术动作要点。自我谈话的持续时间要短，词语必须简单明确，因为过长时间和过长话语会导致思考过度，破坏动作的自动化过程，丧失动作的流畅性。

自我谈话有助于改掉坏的习惯。运动员从事网球训练和参加网球比赛时可能会养成一些不良习惯，例如不良的技术动作、不良的思维习惯、不良的解决问题的方法等。自我谈话某种程度上有助于改变这些不良习惯。例如，如果反手击球时拍头总是过低，则可能是腕部肌肉放松造成的，这时运动员可以用"腕部用力"的自我谈话纠正这一不良习惯。

（三）改善自我谈话的技术

帮助运动员改善自我谈话技术的第一步是：更多地意识到自己对自己说了什么和在什么情况下说的。尽管网球运动员有些时候知道自己说的话不是很恰当，但更多的情况是运动员并不清楚不同自我谈话出现的背景、环境和条件。自我监测可以帮助运动员更好地了解自我谈话与运动表现之间的关系。

自我监测。最好的自我监测方法是训练和比赛结束后尽快写训练日记和比赛日记。日记可以是文字，也可以是录音。通过写训练日记和比赛日记，运动员可以对训练和比赛时的思路和表现进行整理和回顾，这有助于发现引发分心和消极自我谈话的典型情境，比如发球双误、非受迫性失误、丢掉局点或赛点等关键比分、失去大比分领先优势等情境。一旦再次出现可能导致消极自我谈话和分心的情境时，运动员就可以采取措施来改善自我谈话的技术。

思维中断。对付消极思维和自我谈话的方法之一就是当这些事情已经发生但还没有影响到技战术表现时中断这些行为。出现消极思维和自我谈话时，运动员可以使用"停"等词语或轻轻敲打自己的头部等方法提示自己中断它，并清理自己的想法。每个运动员都需要明确什么样的方法是最适合自己的。开始练习思维中断法时，最好先在训练中尝试。例如，可以在自己出现消极思维时大声说"不要这样了"，或者使用"盯球！""战术！"等集中注意的提示。在训练中较好地掌握了思维中断法之后，就可以尝试在比赛中使用。也可以用表象训练来练习思维中断技术：想象一个典型的容易出现消极思维和自我谈话的情景，想象自己通过思维中断或关注比赛相关的事情来改变当时的状态。

变消极自我谈话为积极自我谈话。尽管运动员对于消极思维和自我谈话做出评估和判断是非常有益和容易的事情，但要真正做到这一点需要付出很大努力。与掌握网球技术动作一样，自我谈话技能也需要持久的练习。将消极自我谈话变成积极自我谈话是改变消极思维的有效方法之一。积极自我谈话可以帮助我们将注意集中于应该关注的事情上，还可以激发我们继续打好比赛的动机。可以帮助运动员将消极谈话列表写出，逐一分析，并将其改变为积极的提示（表9-3）。在意识到并能分析自己正在产生消极自我谈话时，可以深呼一口气并慢慢呼出，因为通常出现消极思维时也是面临较大压力和感到紧张的时候，这时，需要放松并使用积极自我谈话来保持自己的积极状态。

表9-3　网球运动员消极自我谈话与积极自我谈话的对比

消极自我谈话	积极自我谈话
你真笨，傻瓜！怎么打丢了这么简单的球	每个人都会犯错误，关注下一分
如果我输了，其他人会怎么想	表现自己的水平，获胜和失败无所谓
我希望我不要再次窒息	放松，盯球
他抢了我的压线球，这分本应该是我的	再争执什么用都没有，如果我打得好，怎么都能赢
今天就算了，明天再努力	如果今天努力，明天训练就会容易些
这真是一个极臭的发球	放慢速度，利用比赛的节奏和时间
我从来没有赢过这样的比赛	关注每一分
我在有风的时候绝对打不好	场地两边都有风，这时正需要集中注意

八、应对逆境的训练

逆境应对能力是优秀运动员的重要心理特征。如前所述，德约科维奇从世界排名第四跃至第一，很重要的原因就是他应对落后球的逆转能力有了明显提升。他在0∶1、1∶2等落后对手的情况下，变得更有耐心、更少发火、更加冷静、拼命防守，直到最后成功逆转。网球心理学家温伯格曾经分析了500多场网球职业比赛，发现排名在世界前20的球员中通常有37%的球员能够在逆境中崛起，扭转赛局。这一比例远远高于那些水平较低的球员。

逆境的表现形式是多样的。在运动比赛中，逆境可以从三个角度考虑：一是本方情况导致的不利，如赛前、赛中伤病，技战术弱点等；二是对方情况导致的不利，如对手实力过于强大，具有主场优势等；三是环境因素造成的不利，如观众不太友好、气候不能适应、裁判不够公正等。逆境之所以会影响运动员的操作表现，主要是因为其对运动员的心理状态造成巨大影响，这种影响可能体现在唤醒水平的升高、注意的分散或产生不良情绪（如愤怒、悔恨、沮丧等）上。

教练应该帮助运动员更好地认识在比赛中可能遇到的各种逆境，建立良好的应对机制，可参考姒刚彦（2006）提出的以下措施：

第一，结合以往比赛经验，分析与预见各种典型逆境。这包括：与运动项目有关的逆境，如因天气原因暂停比赛等突发情况等；具体比赛中的逆境：如遇到多次输过的对手、比分被反超等；与个人特点有关的逆境，如机会球打丢等。

第二，找出具有针对性的应对策略。策略可以针对情境中的具体问题，如制定在落后情况下的比赛战术；也可以针对具体的情绪，如当线审误判又没有挑战机会时利用自我暗示语控制自己的情绪和注意；还应提高对于逆境的包容力，正视逆境，坦然接受已经发生的事实，专注于当前面临的比赛。

第三，在了解运动员个人情况的基础上，有针对性地采用不同方案对逆境应对的策略进行安排和训练，目的是强化应对意识，学习应对技能，最后形成应对习惯。在应对技能的选择时，仍应注意策略的合理性，可以选用包括唤醒水平调节、注意控制、表象、思维控制、行为程序等方案。

第四，对训练效果进行评价和反馈，并对训练计划进行必要的补充和修改。在训练方案实施后，效果的观测和评价是必要且重要的。运动员在比赛中策略运用的合理性和比赛成绩都应当作为训练效果的重要依据加以考察。

以上是应对逆境的具体措施，同时，或许是更重要的是，教练还应注意对运动员进行如何看待逆境的教育，通过古今中外科学家、政治家、文学家、艺术家在逆境中拼搏、在挫折后奋起的榜样，帮助运动员深刻理解困境、逆境对成功的辩证意义。例如，《古文观止》中司马迁的《报任安书》，就表述了中国古代圣贤逆境奋起的深刻哲理，是逆境教育的好教材：

古者富贵而名摩灭，不可胜记，唯倜傥非常之人称焉。盖文王拘而演《周易》；仲尼厄而作《春秋》；屈原放逐，乃赋《离骚》；左丘失明，厥有《国语》；孙子膑脚，《兵法》修列；不韦迁蜀，世传《吕览》；韩非囚秦，《说难》《孤愤》；《诗》三百篇，大抵贤圣发愤之所为作也……

（参考译文：古时候大富大贵而名声磨灭不传的人，多得无法记述，只有非常卓越的人才能被后人称颂。周文王被拘禁而推演《周易》；孔子受困厄后而著作《春秋》；屈原被流放后才创作了《离骚》；左丘明双目失明后才写下《国语》；孙膑被剜去髌骨后编成了《孙膑兵法》；吕不韦被放逐到蜀地后世才流传《吕览》；韩非被囚禁在秦国才有《说难》《孤愤》问世；《诗经》三百首大都是贤人圣人为抒发内心的愤慨而创作出来的……）

（引自：吴兆基. 古文观止：文白对照全译[M]. 北京：经济日报出版社，1997：306-307.）

九、加强稳定性的训练

（一）平时生活按部就班

过快的生活节奏或混乱的作息时间会使得人的焦虑程度提高。时间管理本身虽不能降低负性情绪，但具有一定的调节功能和缓冲作用（黄希庭，张志杰，2001）。按部就班意味着对训练以外的业余生活保持良好的时间安排习惯，通过生活秩序的改善和生活质量的提高来提升情绪的稳定性，改善整体的心境状态。具体建议包括：

（1）制定具体的作息时间表，但不做过死的时间规定，·而是有一定的区间范围，如上午有训练的早晨7:30前吃完早饭，晚饭后散步15~30分钟，在22:00至22:30之间睡觉，等等，帮助自己逐渐形成按部就班的生活作息和节奏。

（2）坚持每天起床吃早饭，并包括一定量的蛋白质、碳水化合物和粗纤维食物。

（3）培养一项业余爱好并按一定频率坚持参与，如坚持每天写20分钟大字或下一局象棋等。

（4）坚持记录训练日记，如隔天一次、一周两次等。

（5）安排好每周末的休息时间，不过晚睡觉，保持充足的睡眠，但不赖床，按时进三餐。

（二）业余时间练习大字

张力为等在为备战伦敦奥运会的中国蹦床队进行心理训练的过程中加入了利用业余时间练习大字的内容。2011年下半年，通过三次毛笔字的学习，运动员不仅掌握了传统书法隶书的基本笔画，还在练习书法的过程中体会到了"纸正、笔正、身正、心正"的层次关系，以及"静、净、境"等书法在精神层面的精髓。章朝珲老师在授课过程中提到的几个要领："要写好字必须做到，笔正、纸正、人正、心正，注意力集中于笔尖，且心无杂念。" 这深深启发着运动员对"境界"的感悟。"书法讲究一笔过，不要在前面没写好的地方不断补笔。"这是在提示运动员训练、比赛的技术动作必须争取一次到位，不能也无法吃后悔药。毛笔字的心理训练取得了良好的效果。（图9-8）

图9-8 中国蹦床队运动员认真学习毛笔字书写姿势

在培养诸如练习毛笔字一类的业余爱好时，应注意：

（1）选择自己感兴趣的事情进行尝试，合理分配时间，注重习惯养成。

（2）在培养业余爱好的过程中注重多思考，多总结，在业余爱好中学会不同的思维模式和方法。

（3）关注自己的进步，喜欢和享受即可，避免横向与他人比较，避免损害业余活动的内部动机。

（三）做事善始善终，避免虎头蛇尾

完成任务时是否能坚持到底，与个人的行为动机、目标的清晰程度、执行过程中的强化方法和个性特征等多种因素有关。在日常生活和训练中养成做事善始善终、避免虎头蛇尾的习惯，将有利于培养运动员不骄不躁、心平气和的心理品质，并可以在任务完成和习惯保持的过程中积累成就感和自信心。具体建议包括：

（1）做事注重计划性，从小事做起，培养对完成任务的程序管理能力。如去超市前准备好需要的东西（购物袋、零钱、手机、钥匙、优惠卡券等），备好购物单，计划好大致时间和往返交通方式，回到房间后将买回的物品摆放到固定位置后再做其他事。

（2）教练应引导运动员在训练和日常生活中养成善始善终的习惯并自身带头做出表率，每天的训练应该以饱满的情绪开始、积极的态度结束，坚持写训练日记并以积极的话语结尾等。

（3）通过公开计划（如降体重计划、写大字计划等）的方式请大家帮助督促形成有始有终的做事习惯，培养健康的生活态度，形成稳定的生活习惯。

（四）突发情况面前冷静思考

网球比赛中包括了大量的突发情况，如天气的突然变化，自己和对手的状态波动，观众和裁判等不确定因素，这些都会对运动员产生影响，可能引发焦虑或其他情绪和认知上的改变，甚至改变比赛的走向和结果。比赛心理对策库的建立可以有效缓解地运动员在突发状况前的情绪波动。在日常训练中，可以采用以下方法来提高突发状况中的冷静思考能力：

（1）通过模拟训练，模拟比赛中可能出现的突发状况，锻炼运动员的分析能力和决策能力。如训练比赛中突然更换室内场地，教练突然中断比赛一段时间后继续开始，在比赛场地光线不均时比赛等。运动员在模拟训练中建立出的心理对策库实用性更强，有助于他们在实际比赛中保持冷静。

（2）经常观看比赛录像并进行比赛分析，提高对比赛的阅读和思考能力，不断丰富运动员心理对策库，提高突发状况的应对能力。

第三节　网球运动员赛前心理准备与赛中心理调节

一、赛前心理准备

（一）赛前心理定位

大赛来临之际和进行之中，运动员应当如何摆正自己的位置，是每个教练和运动员都非常关心和重视的问题，也是赛前心理准备与赛中心理调节的重要内容。张忠秋（2000）曾提炼和总结出一些比赛心理定位的重要原则，在此特别予以介绍，以供运动员参考。

运动员赛前心理定位是指运动员比赛前和比赛中对自己、队友、对手之间关系的认识倾向，它直接左右着运动员判断自己的比赛表现正常与否，影响着运动员的自信心和比赛应变能力。比赛心理定位是运动员比赛心理调节的重要内容（张忠秋，2000）。

"摆正位置"是大赛前、大赛中和大赛后常能听到的短语。但一些选手在重大比赛中因参赛位置摆得不正，由"夺"的角色变成"保"的角色，自背包袱而饮恨于错失良机。网球场上多见大比分领先情况下被逆转的战例。2007年，在中国网球公开赛的女单决赛中，扬科维奇就曾经在第二盘5：1，40：0领先的情况下被小将扎维逆转。

"夺"的角色乃是低者向高者冲击，"保"的角色则是高者守位防失。这是两种产生完全不同效果的参赛角色。"夺"者与"保"者的角色常处于动态变换中。"夺"者往往是赛前战绩未在高处，或比赛过程中仍难分伯仲，此时的角色心态一般较为纯洁，没有对比赛结果产生过高期望和过大压力，只将冲击对手为目标和己任。例如，在费德勒连续237周蝉联世界第一的时代，几乎所有选手在和他比赛时，都抱着"冲"和"夺"的心态。其中的代表人物纳达尔在经历了3年红土以外场地的失败后，终于"斗牛"成功，在2008年温网决赛中战胜了费德勒。而"保"者大多是赛前战绩占优或比赛过程中比分领先的人，其心态则变得较为复杂、矛盾，运动员的注意已从比赛过程更多地转向比赛结果，对比赛结果的期望值迅速升高（张忠秋，2000）。2010年5月，2008年、2009年两届法网亚军，7号种子选手萨芬娜就在5：0领先的情况下发生心态变化，接连送出17个双误，被年近40岁的日本老将伊达公子以沉着的心态逆转成功。

运动员参赛的角色定位实质上是自己对比赛行为努力目标和比赛期待结果的认知定位，其作用可以形象地比喻为运动员竞技潜能这一大"容器"为相应比赛开放程度的"闸口"。若持"夺"之角色，"闸口"会尽其所能开放，表现出巨大的竞技潜能；若持"保"之角色，"闸口"则只开放到一定程度，竞技潜能不能充分释放，甚至会反向缩小、关闭。参赛角色定位对运动员作用的关键是使其对相应比赛的认知焦虑产生变化。认知焦虑是运动员对比赛应激刺激在认识上产生的紧张性反应。正如应激理论创始人塞里所讲："关键不在于发生了什么，而在于你如何看待它，我们不能归咎于环境引起的应激，外界刺激有时并不是强加于有机体的，而是我们对环境事件的认识使其产生了作用。"由于重大比赛所具有的特殊刺激，运动员产生认知焦虑是正常的，且在一定程度上具有兴奋激活作用。但是，当运动员的认知焦虑超出一定的度时，作用则会完全相反。英国心理学家哈迪（Hardy, 1990）为此提出了应激突变模型，其要义是当运动员的认知焦虑较低时，比赛成绩表现与其兴奋唤醒水平呈倒"U"形曲线关系，即随着兴奋唤醒水平的提高，运动员的比赛成绩表现水平逐渐提高；当运动员处于中等唤醒水平时，成绩表现达到最高水平，随后则呈下降趋势。然而，当认知焦虑超过一定的度时，运动员的比赛表现会出现突然的跳跃性下降，比赛场上表现为判若两人或两队的大波动状况，即我们平时所说的"晕场"现象。这就是运动员参赛角色定位的作用机制。因项目和人等因素差异，运动员因不同角色定位所产生的比赛波动程度和时间长短会有所不同（张忠秋，2000）。

总结国内外优秀运动员的不同比赛表现，就会发现参赛角色合理定位还直接影响着整体竞技状态。那些定位于"夺"者，往往对即将来临的比赛有强烈的参赛欲望，有随时准备参赛竞争的准备。而那些定位于"保"者，从行为到意识都对即将来临的比赛怀有躲的心态，他们对比赛信心不足，且希望比赛赶快结束。它们是完全不同的比赛心态，对运动员竞技潜能的激发程度也就自然不同（张忠秋，2000）。

那么如何使运动员的参赛角色达到合理定位呢？

第一，无论即将开始的比赛对手是谁，赛前都应对自己或全队的参赛角色进行重新定位。运动员的竞技状态始终处于动态发展中，影响运动员比赛成绩的因素又是复杂多样的。我们对每一竞争对手都应以概率观点来对待。在敌弱我强、敌强我弱及势均力敌三类情况对比中，运动员取胜的概率虽有所不同，但绝不会出现100%的概率。所以，赛前角色定位均应以"夺、冲、追"为最佳。被誉为网坛"常青树"的美国网坛"女王"纳夫拉蒂洛娃称霸网坛二十余年，她总结出的成功奥秘就是不论对手是谁，绝不轻敌，总是集中精力打好每一球（图9-9）。她说："我一上

图9-9　纳夫拉蒂洛娃的赛前心理定位：我一上场，就把自己看成是第一次上场的新手

场，就把自己看成第一次上场的新手，而对方是比自己强得多的强手，所以总是竭尽全力，使自己绝处逢生。"

第二，随着比赛进行中双方成绩的变化，运动员应本着必须冲击对手的原则及时调整比赛角色。比赛开始后，运动员会有意或无意地将比赛进程与赛前角色定位相联系，若开赛成绩大大好于赛前角色定位期望，很容易滋生侥幸心理，进而对自己的参赛角色重新调位。如一些球队或队员在比赛成绩领先的情况下，不是乘胜"追"击，反而将参赛角色由"追"变"保"，变主动为被动。正如一些教练所批评的："成绩领先反而不会比赛了。"相反，若

开赛成绩差于赛前角色定位期望或出现伤病意外，一些运动员又易产生自我怀疑，对比赛失去信心，使赛前角色的冲劲大为减弱。

第三，明确比赛过程的关键性指标，并对这些过程指标保持必胜信心。"不去关注比赛结果，而要关注比赛过程。"这是心理学家对运动员比赛心理调节的原则性指导。在此前提下，运动员应明确比赛过程的技、战术关键性指标，如一发成功率、一发得分率、上网得分率等，并对这些通过自己的努力可以控制的因素坚定必胜信心。在双打比赛中，则应不断与队友沟通，互相对彼此成功完成的关键技、战术进行鼓励和积极的强化，提高自信心。

第四，无论比赛结果如何，赛后均应对自我和全队进行重新定位。经过比赛应激刺激和赛后对胜或负的精神与物质奖励体验，运动员的参赛角色又要面临调节变位时刻。此时，胜者的自我形象往往会被无意识地夸大，败者则会无意识地感到自我形象降低，运动员参赛的无关杂念迅速增多。一些球队或运动员在连续比赛中，出现大胜后大败或一蹶不振现象皆属此类。对于实际的参赛角色定位的做法，可根据比赛胜负情况给予不同的要求。例如，胜者必须针对比赛找出几条缺点，负者则应针对比赛找出几条优点。目的在于纠正运动员赛后自我形象的偏差，为今后的训练和比赛奠定良好基础（张忠秋，2000）。

（二）比赛应对预案

比赛应对预案也称比赛心理对策库。根据是否为突发情况划分，比赛心理对策库可分为程序化活动心理对策库（表9-4）和突发事件心理对策库（表9-5）。根据时间划分，比赛心理对策库可分为赛前心理对策库和赛中心理对策库。根据内容划分，比赛心理对策库可分为技术动作心理对策库（表9-6）、不同时段心理对策库（表9-7）、常见心理问题心理对策库（表9-8）。

表9-4　赛前程序化活动心理对策库

活动性质	对策库内容
异地参赛出发	准备好。
到达赛地	积极接受这里的条件（比预想的要好）。
	相信自己会很快适应。
	了解场地器材的特点，熟悉比赛环境和条件。
	确认和完善赛前训练计划和安排。
赛前一天晚上	检查比赛用具和物品。 放松调节训练、温习对策库。 头脑里做表象模拟训练，表象成功的操作，加深流畅的技术感觉。 做些调节心情的活动（看书、散步、聊天等）。 以休息为目的自然进入睡眠。 合理安排和外队队友聊天。

注：程序化活动心理对策库涉及面对比赛必然遇到的问题和必须进行的活动中个人应采取的对策，如到达赛地、赛前一天晚上、比赛当天、赛前准备活动、临赛前等主要时间段和重要环节。教练、运动员可以根据这一思路制定相应的赛中程序化活动心理对策库。

表9-5　赛中突发性事件心理对策库

突发事件	常见发生时刻	处理方法
裁判不公	信任制比赛中对方选手要赖。	询问球点，冷静但坚决地告诉对方："这球在界内，你看了！" 接受比分并将注意力集中到下一球的发球或接发战术上。 多次出现时中断比赛并向裁判长申请观赛。 牢记并提示自己必须接受已经报出的比赛结果。
	由于对手是主场作战或其他原因，裁判对对方有所偏袒。	冷静地指出球点位置并向裁判求证。 接受比分并将注意力集中到下一球的发球或接发战术上。 多次出现时中断比赛并向裁判长申请观赛。
	比赛中模棱两可的球，裁判判罚对自己有利。	不要观看或参与对方与裁判之间的争论，转身走到球场边，面对球网，将注意力集中到思考下一分的战术，直到裁判宣布比赛开始。
观众嘲笑	在对方主场比赛。	当作是观众在为自己加油。 出声思考战术和技术要点。 如果嘲笑或喝彩声影响到发球环节，暂停动作，向裁判示意，直到安静后继续。
对手受伤	比赛中随时出现。	下场休息，补充糖分和水分，脑中进行之前成功情境的表象。 如暂停时间较长，起身练习发球直至比赛再度开始。
莫名的紧张	比赛开始时。	大喊一声或狠拍大腿阻断消极思维。 低声报出所思考的战术。
	自己领先时关键分（局点、盘点、赛点等）。	在这分开始前选定某一战术，坚决执行。
连续失误或发挥失常	比赛中随时出现。	大喊一声或狠拍大腿阻断消极思维。 降低对发球或回球的难度要求，提示自己"发到界内"或"回到界内"。 成功后喊出"加油！（Come on！）"。
风	比赛中随时出现。	语言提示："对手和我一样有风，控制好力量！"。
雨	比赛中随时出现。	语言提示："脚下站稳！集中注意！"。
调整场地	因雨转入室内。	语言提示："室内风小，有利于控球！"。 充分利用换场后的热身时间适应场地。 拿下换场后的第一分握拳出声鼓励自己，营造积极心理氛围。
意外受伤	比赛中随时出现。	申请医务暂停，配合医生治疗，如治疗过程中时间较长，则在脑中进行积极的表象演练。

表9-6　网球技术动作心理对策库

动作	常规部分	目的
发球	调整兴奋点。	从上一分复位。
	决定发球的落点。	目的明确。
	向发球线跨步。	准备发球。
	做一次深呼吸。	使紧张状态得以放松。
	想象发球。	回想和体会发球要点和动作。
	拍球。	防止消极思维，掌握节奏。
	将注意力集中于发球的落点。	注意力集中。
	将球发出。	动力定型，自动化。
接发球	决定接发球回球的落点。	方向、深度、高度。
	决定以何动作接发球。	击球的方式、旋转。
	做好接球准备姿势。	利用全部可利用的时间，发生问题时改变姿势。
	注视对手发球动作。	思考对策。
	使用自我暗示。	提醒自己做某事，即注意环节。
比赛过程中击球	调整兴奋点。	从上一动作复位。
	决定以何动作接发球。	击球的方式、旋转、方向。
	做好接球准备姿势。	利用全部可利用的时间，发生问题时改变姿势。
	注视对方击球动作。	思考对策。
	使用自我暗示。	坚定，果断，自动化，不犹豫。

表9-7　网球不同时段心理对策库

比赛间隙时间	主动情况下	被动情况下
发球两分之间	坚定地进入准备状态。	力求放松，注视拍弦。
	观察对手表现。	调整呼吸。
	计划如何拿这一分。	制订下一分打法。
	按常规发球。	执行原订计划。
		使用原定发球方案。
接发球两分之间	保持正常地接发球。	利用规则，让自己镇静下来。
	努力自我调节，控制局势。	调整呼吸，集中注意力。
		使用增强信心的自我谈话。
		做好准备，按习惯方式接发球。
两局之间	喝水，用毛巾擦汗。	喝水，用毛巾擦汗。
	再次肯定自己的比赛方案。	使用保持镇静的心理技能。
	做出下一局比赛的方案。	确定下一局比赛的目标。
		控制自己的击球速度，放慢节奏。

续表

比赛间隙时间	主动情况下	被动情况下
两盘之间	喝水，用毛巾擦汗。 再次肯定你的比赛方案。 力求保持自己的精力。	喝水，用毛巾擦汗。 使用镇静的心理技能。 重新考虑和选择一个现实的目标。 振作精神，激励自己。 控制你的速度：争取主动。
两场比赛之间	尽量休息，保存能量。 按常规正常活动。 确保执行原订方案，保持常规活动。	分析比赛形势。 制定比赛方案，并坚决实施。 考虑不同情况下方案的实施方式。 将注意力集中于自己能够控制的东西。
对手质问裁判	果断地应对形势。 提醒自己有关的比赛方案。 控制自己的情绪，做到不参与。	利用这一时机镇静下来。 注意力返回到自己的比赛方案。 按常规做好比赛准备。
自己质问裁判	果断地应对形势。 利用这一时机镇静下来。 注意返回到自己的比赛方案。 按自己习惯的方式做好准备。	果断，明确。 利用规则，打乱对手节奏，为自己赢得时间。 利用规则，在适当时候停止比赛，并将注意力返回到下面的比赛。 按常规做好比赛准备。
对手突然中断比赛	将思想集中到当前的比赛上。 设想下一分如何打。 不要与对手注视。	利用这一时机镇定下来并将注意返回到比赛方案。 按常规做好准备。
下雨或类似原因	制定方案。	利用这一时机评价自己的表现。
推迟比赛	保存体力，积极休息。	制订恢复比赛时的方案。 保存体力。

表9–8 网球常见心理问题心理对策库

问题	生理和行为	心理上
兴奋度不高	快速有力的动作：双脚在两分之间快速跳动，保持双脚活动，避免"站死"。	使用积极的自我谈话："加油！"。 配合双脚活动，避免无意识双脚活动。
	使用短促的快呼吸加快呼吸的频率。	调动自我积极的情绪。
	做动作时相比平时加力，不做需要精细控制的技术动作。	姑且把当前的不利局面看成一种挑战。
		想象和激励自己要打出一场最好的比赛的决心和气势，力求全力以赴。
		想一些能激发自己产生动力的事情。
		上场前可以听一些节奏快、声音大的音乐。
		不得已的时候，可以发怒。
过度紧张	用收缩和松弛肌肉紧张的方法使自己的胳膊、颈部、手等部位肌肉放松。	承认自己开始紧张了。
	了解身体的信号：不将心跳加速误解为紧张的信号，这是正常情况，表明机体进入动员阶段。	不害怕紧张，这是已经进入比赛和重视比赛的正常生理反应。
	处理问题时，多温和，少严厉。	把一切当作真正重视比赛的正常反应。
	使用呼吸调节法，进行放松。	运用放松的技巧：自生放松或渐进放松。
	击球时呼气。	用情绪调节的自我谈话："放松。"
	感到要产生紧张时，微笑。	在两分之间，用积极思维鼓励自己，遵循惯例。
	摇动双手、双肩、颈部，向对手表明自己的"强者"姿态。	将注意力集中在能控制的事情上，如命令自己"发外角球"。
	放慢速度，充分利用两分之间的时间间隙。	记住对手也紧张，和你处于同一状态。
	将球拍从持拍手移到非持拍手，以便使持拍手放松。	犹豫时提醒自己果断击球。
	当开始打一分时，加大步幅。	每一次将注意力集中在一点和自己擅长的动作上。
	按原订方案和习惯方式打球。	避免消极的想法，如想自己不能发挥。
	显得自信，平静，能够自控，不让对方看到自己内心的紧张。	用积极的表情，笑对人生，对待逆境采用正面、不回避的态度。
		用幽默来打破紧张的气氛。
		紧张出现时，往往比赛更具激励性，打比赛就是为了赢，而不是避免输。
		忘掉失误。
		制订一个好的比赛方案并坚决执行。
		打好每一分，好像它是最重要的一分。
		听温柔的慢速的音乐。

二、赛中心理调节

（一）上场前的心理调节

每场比赛都是对球员自信心的一系列挑战。网球比赛的心理关键就是面对挑战，克服挑战。通过充分的赛前心理准备，特别是建立积极的赛前心理准备定势，可以帮助运动员保持好比赛的节奏，增加对比赛情境的预判，形成稳定的思维和情绪状态，便于集中注意力，增加控制感和自信心，减少不稳定因素。

被称为"红土之王"的西班牙选手纳达尔在上场前有细致到近乎烦琐的心理准备程序，在自传中他将其称为"赛前例行程序"。参考纳达尔的赛前心理调节策略，建议上场前的心理准备应包括以下方面的内容：

（1）形成拥有个人风格的赛前程序，包括器材的准备与核查（可使用对照检查表）。

（2）准备好赛前预案，包括针对本场比赛对手的具体对策和战术考虑。

（3）在安静处休息20～30分钟，阅读或回忆赛前预案并将注意焦点集中至比赛程序。

（4）完成必要的赛前热身，保持积极状态，与教练和双打搭档沟通比赛计划要点等。

（二）局间和盘间休息的心理调节

网球比赛奇数局间会有约90秒的休息时间，盘间约有180秒的休息时间，这段时间虽短，但对运动员非常重要。在休息期间所采用的心理调节策略可能导致比赛结果发生重大转折。建议在休息期间应当完成的程序和心理调节包括：

（1）坐下休息，用毛巾将汗水擦干。

（2）喝水，补充糖分，整理器材。

（3）根据情绪状态选择进行自我放松（腹式呼吸，抖动腿部，放松颈部，用毛巾盖住头闭目休息片刻）或者自我激励（回忆本场比赛中自己打出的好球，回忆正确动作表象，如果之前领先或表现较好，对自己说："干得好！这才像你！继续加油！"如果之前落后或发挥失常，对自己说："这不像你啊！调整好自己，变换战术找机会！比赛还没结束，一切都来得及！"）。

（4））为下面几局比赛提前制订战术，或回顾赛前制订的战术，将其贯彻实施。

○李娜的"神秘"局间小纸条

北京时间10月2日消息，2012年中国网球公开赛展开了女单第二轮的角逐，中国球员李娜在钻石球场力克素有"金花克星"之称的佩特洛娃。继上一场对阵斯齐亚沃尼的比赛后，李娜的神秘小纸条再次在比赛中现身。

自从中网首秀之后，李娜在局间休息时所阅读的小纸条内容一直成为各路记者以及球迷们的焦点，根据图9-10可以看出，本场比赛中李娜的小纸条上列出了很多关键点，与上一场比赛有着很大不同，其中包括：对她正手施压；多调动她；浅球打完以后要上网……相信自己，你一定能做到！在这些点中，既有技术上的指点，也有教练对于其心理及信心上的鼓舞。如此具有针对性的"临场秘籍"，也成为了李娜在球场当中的另一项有力"武器"！

图9-10　2012年中网比赛中，李娜在局间阅读她在赛前准备的自我提示小纸条

（三）领先时的心理调节

当选手处于领先时，一方面应通过积极的身体语言来提高自信心，同时向对手施加更大的心理压力；另一方面则要对场上时机的转变做好准备，针对对手可能诱发的变化和可能发生的局面有充分的准备，拉开差距，以防领先局面的丢失。具体而言，心理调节措施可以包括：

（1）大步幅行走或跑动、跳步，做出强有力而自信的样子。结束一球后立刻做动作，可以是庆祝动作如握拳，可以是纠正错误动作，做出正确动作的姿态，注意保持微笑。教练在训练中可以通过拍摄训练比赛录像来帮助运动员培养积极的身体语言和面部表情习惯。

（2）近网或目光交接时直视对手，不先移开目光。

（3）保持比赛的快速节奏，不要过长时间地中断比赛，不给对手调整机会。

（4）局间或盘间休息时提示自己，"对手可能会有放手一搏的变化，注意做好非常规以及对手赖皮的准备"，并尝试自己主导战术变化。

（5）保持比赛的连贯性。对于对手突发性战术变化带来的失误，迅速寻找解决方法，提示自己："他不可能一直打自己不擅长的打法，我会找到压制他的新手段。"同时积极地肯定自己成功的比赛方案，坚持实施其中的合理元素并进行适当调整。

（6）主导比赛，尽可能多地揽分来锁定胜局。杜绝"在领先的时候丢一两分无所谓"的想法，时刻保持警惕。

（四）落后时的心理调节

落后时，应及时调整心态和战术，将注意力集中到当前一分的完成，避免被对手乘胜追击或将微弱优势扩大，造成自己被动的局面。具体建议包括：

（1）充分利用"死球"时间（包括球间、局间、盘间休息时间）让自己镇静下来，调整呼吸，集中注意，力求放松。

（2）分间眼睛避免看对手，注视某种无关的东西，如拍弦，同时在脑中计划下一分的打法，选定战术后坚决实施，成功后做明显的积极身体语言。

（3）落后时重新考虑和选择一个现实的目标，例如发球连续失误，则降低对发球线路或角度的要求，首先保证发球成功率。

（4）在下一分开始前振作精神，做小跳步并用积极语言如"加油！再来！拿下一局！"鼓励自己。

（5）如对手状态正好，可以通过适当拖长间隔时间，增加拍球次数，请求医疗暂停等方法，打破对手顺利的定势，寻找反击的机会。

（五）相持时的心理调节

相持阶段运动员心理调节的关键是对场上信息进行积极的识别并从中获得力量感，促使局面向对自己有利的方向转化。相持阶段中随时会出现比赛的潜在转折点（如自己或对手的一个双误，一个破发点，一次网前的失误或意料之外的扣飞高压球等），积极的心理调节会使其中对自己有利的那些线索成为真正的转折点。这一阶段心理调节的建议包括：

（1）始终保持积极的身体语言。时刻牢记我们不是仅在落后的时候才需要战斗精神，如果在相持阶段让对手看到了自己情绪低落的样子，那么就进一步助长了对手的优势。

（2）使用积极的自我言语，如"加油！""加速！""他快崩溃了"等。

（3）局间休息时回忆一些能帮助自己产生动力的事。

◎ 思考题

1.网球项目体现的心理特点有哪些是本项目特有而其他项目没有的？

2.网球运动员必须具备的心理素质会因年龄不同和发展阶段不同而有所不同吗？为什么？

3.运动员场上发挥的稳定性与哪些人格特征或心理品质有联系？

4.如何提高运动员的自我控制能力？

◎ 参考文献

[1] 安德烈·阿加西.敞开心扉：阿加西自传[M].刘世东,译.北京：中信出版社,2010.

[2] 黄希庭,张志杰.论个人的时间管理倾向[J].心理科学,2001,24(5):516-518.

[3] 吴兆基.古文观止：文白对照全译[M].北京：经济日报出版社,1997:306-307.

[4] 姒刚彦.追求"最佳"还是强调"应对"：对理想竞技表现的重新定义及心理训练范式变革[J].体育科学,2006,26(10):43-48.

[5] 张力为,毛志雄.运动心理学[M].北京：高等教育出版社,2007.

[6] 张忠秋.大赛前的心理定向与角色定位.[Z]//中国体育科学学会运动心理学专业委员会,北京体育大学.中国代表团征战悉尼奥运会心理咨询手册.2000:137-146.

[7] COON D, MITTERER J O.心理学导论：思想与行为的认识之路[M].郑钢,等译.北京：中国轻工业出版社,2004.

[8] 温伯格.网球心理训练[M].张忠秋,等译.北京：中国轻工业出版社,2005.

[9] CSIKSZENTMIHALYI M. Flow: The psychology of optimal experience[M]. New York: Harper and Row, 1990.

[10] DANIEL G, SANDY G. Mental toughness in sport: Developments in theory and research [M]. London: Routledge, 2001.

[11] DAVIES M, STANKOV L, ROBERTS R D. Emotional intelligence: In search of an elusive construct[J]. Journal of Personality and Social Psychology, 1998, 75(4): 989-1015.

[12] GOLEMAN D. Emotional intelligence[M]. New York: Bantam Books, Inc, 1995.

[13] GROSS J J. Emotion regulation in adulthood: Timing is everything[J]. Current Directions in Psychological Science, 2001, 10(6): 214-219.

[14] JACKSON S A, EKLUND R C. Assessing flow in physical activity: the flow state scale 2 and dispositional flow state scale-2[J]. Journal of Sport & Exercise Psychology, 2002, 24(2): 133-150.

[15] JANELLE C M, HATFIELD B D. Visual attention and brain processes that underlie expert performance: Implications for sport and military psychology[J]. Military Psychology, 2008, 20 (Suppl. 1): S39 - S69.

[16] JONES G, SWAIN A, HARDY L. Intensity and direction dimensions of competitive state anxiety and relationships with performance[J]. Journal of Sports Science, 1993, 11(6): 525—532.

[17] MANN D T Y, WILLIAMS A M, WARD P, et al. Perceptual—cognitive expertise in sport: A meta—analysis[J]. Journal of Sport & Exercise Psychology, 2007, 29(4): 457—478.

[18] SALOVEY P, SLUYTER D. Emotional development and emotional intelligence: Educational implications[M]. New York: Basic Books, 1997: 3—34.

[19] MURRAY H A. Explorations in personality[M]. New York: Oxford University Press, 1938.

[20] WEINBERG B, ERIC J. Foundation of sports psychology[J]. Journal of applied sports Psychology, 1998(3): 121—125.

[21] ZIMBARDO P G, GERRIG R J. Psychology and life[M]. 15th ed. New York: Longman, 1999.